La Guía Avanzada del Day Trader

¡Sigue paso a paso las últimas estrategias de Day Trading para aprender a operar en divisas, opciones, futuros y acciones como un profesional para ganarte la vida!

Por David Hewitt & Andrew Peter

Tabla de Contenidos

Introducción

Felicitaciones por adquirir La Guía Avanzada del Day Trader: ¡Sigue paso a paso las últimas estrategias de Day Trading para aprender a operar en divisas, opciones, futuros y acciones como un profesional para ganarte la vida! y gracias por hacerlo.

En los siguientes capítulos discutiremos el porqué del Day Trading. Conocerás por qué el day trading es esencial y cómo puedes llevarlo a cabo para lograr tu objetivo principal.

Existen numerosos libros sobre este tema en el mercado, ¡nuevamente gracias por elegir éste!

Cada esfuerzo hecho fue para asegurarnos de tener la mayor información que sea posible, por favor disfrútalo.

Por qué trading;

El Trading es el servicio de compra y venta de activos cotizados con más liquidez en el mercado. Necesitas estar activo en la participación de prácticas que puedas realizar en el mercado financiero. El mayor éxito probablemente dependerá de tu habilidad de generar beneficios en un periodo determinado. El tiempo que decidas dedicarle al negocio, será valioso en la estrategia que vayas a utilizar y la ganancia que vayas a obtener.

El Day trading te dará la oportunidad de abrir, así como de cerrar varias posiciones al día. Mientras que en el Swing Trade, el negocio probablemente pueda tardar varios días, semanas o incluso meses. Los dos tipos de negocio pueden funcionarte bastante bien, pero eso dependerá de tu capacidad. El tiempo que tengas, determinará el negocio en el que te vayas a involucrar ya que uno requerirá más tiempo que el otro. Las circunstancias en las que te encuentres, determinarán el camino que más te convenga. El Swing Trading acumulará tanto ganancias como pérdidas, más lentamente que el Day Trading.

Capítulo 1: Cómo funciona el Day Trading

Day Trading vs. Swing Trading

El Day Trading es la compra y la venta de activos en un mismo día. Es más común que ocurra en el mercado de valores y de divisas.

El Swing Trading es la compra y venta de acciones que indica movimientos ascendentes o descendentes durante varios días.

Observarás algunas diferencias entre los dos tipos de comercio. Las diferencias incluyen:

Riesgo

El Day Trading es más arriesgado y puede hacer que las deudas se acumulen más rápidamente. Los Day traders utilizan un margen que les permite alcanzar mejores beneficios, pero cuando se trata de pérdidas, estas los llevan a un fracaso masivo. El dinero que utilizarás en el Day trading será prestado, por lo que cuando sufras una pérdida, ésta representará un fuerte golpe. Cuando experimentes tu primera vez en el Trade, debes tener cuidado ya que es probable que presentes pérdidas rápidamente. Cuando entras al mercado sin saber cómo manejarlo adecuadamente, estarás practicando un juego de azar.

En el Swing Trading, no se requiere de dinero prestado, por lo tanto, no necesitarás preocuparte del cómo compensar ninguna deuda. Existen menos posibilidades de que pierdas tu dinero, ya que hay numerosos enfoques sobre cómo manejar los riesgos.

Compromiso de Tiempo

El Day trading necesitará que estés completamente comprometido, ya que requerirá que dediques una cantidad considerable de tu tiempo. Como trader, requerirás constantes movimientos de lugares en lapsos cortos de tiempo. Necesitas asegurarte de estar en el lugar indicado para generar buenas ganancias. Ese tipo de compromiso te podrá generar mucho estrés. No tendrás tanto tiempo para tus actividades diarias ya que requiere de un compromiso total. Necesitas mantenerte alerta todo el tiempo y así podrás saber cuándo el mercado esté abierto. El tiempo para el Trade es limitado y solo en horas específicas del día se podrás cerrar los tratos.

El Swing Trading, requiere de marcos de tiempo, que son un poco más largos. Puedes sentirte seguro algunos días, o a veces incluso semanas. A pesar de que necesitas monitoreo de tu operación para poder generar ganancias, tendrás suficiente tiempo para hacer ajustes. Puedes hacer Swing Trading como trabajo de medio tiempo mientras asumes otras responsabilidades. Ese nivel de flexibilidad te podrá funcionar mejor si lo que buscas es un negocio rentable sin invertir mucho de tu tiempo. No hay límite de tiempo cuando cierras un trato. Puedes buscar negocios y cambiar tu orden en cualquier momento incluso cuando el mercado cierra.

Estrés

El Day Trading es bastante pesado, ya que necesitas asegurarte de estar en una posición segura. Necesitas tener disciplina y tener decisión cuando se trata con dichos mercados. Tienes que trabajar duro ya que estarás compitiendo con profesionales que han dedicado su vida al Day Trading.

El Swing Trading, por otro lado, puede ser apropiado incluso para personas con poco conocimiento sobre finanzas. Existe menos estrés asociado a éste, y para alguien que no está preparado para el Trading de tiempo completo, puede ser más fácil practicar el Swing Trade. Esta es una mejor opción y con menor riesgo.

Costo Inicial

Cuando entres al Day Trading, probablemente competirás con los Traders de Alta Frecuencia (HFT) así como los profesionales en el mercado. Estas personas harán todo lo que esté a su alcance para tener ventajas en el negocio. Si realmente deseas entrar en el negocio, necesitarás poner en marcha un software de última generación. También necesitas tener una Plataforma y tecnología actualizada. El Swing trade no requiere de capital inicial tan elevado. Necesitarás tener, ya sea una computadora o una laptop. Los artículos de negocio convencional son todo lo que necesitas para entrar al Trade. No tienes que esforzarte mucho al buscar el cómo encontrar tu mejor opción.

Compra a Largo Plazo, Venta a Corto Plazo

Cuando existen cambios en el precio de cualquier activo, sin importar la dirección que tome, habrá ya sea pérdida o ganancia. La razón detrás de esta variante, es la compra a largo plazo y venta a corto plazo. El objetivo que todos tienen cuando están entrando a un negocio, es comprar cuando los precios son bajos y vender cuando los precios se disparen. Eso les asegura que haya ganancias en cualquier negocio que desarrollen. Sin embargo, algunos inversionistas lo hacen a la inversa.

Comprando a Largo Plazo

Cada vez que compras una mercancía, lo haces con la esperanza de que al momento en que la vayas a vender, su precio se haya elevado. Cuando haces un análisis apropiado de los activos, es muy probable que obtengas buenas ganancias. Necesitas comprar algún activo y reservarlo durante un tiempo hasta que su precio suba. Comprar acciones a largo plazo y mantenerlas por un tiempo te dará una buena ganancia.

Un trader a largo plazo, siempre espera que el precio de cualquier activo del que el disponga, incremente su precio para venderlo. Ellos permanecen siempre en una posición abierta, y pueden continuar así por mucho tiempo. Cuando continúas por mucho tiempo, no hay limitaciones en tu potencial de ganancias ya que el precio de tus activos puede incrementar en cualquier momento. El riesgo de que tus acciones lleguen a cero es casi nulo. Cuando haces varios pequeños movimientos, es muy probable que obtengas beneficios y puedas controlar tanto los riesgos como las ganancias.

Comprar a largo plazo es el método que se utiliza en el mercado, en la mayoría de los casos. Cuando inviertes en compras a largo plazo, obtienes buenos beneficios en un periodo pequeño de tiempo. El beneficio obtenido no necesita de nadie que trabaje demasiado duro. Podrás disponer de tus acciones una vez que los precios en el mercado alcancen el nivel que desees.

Vendiendo a corto plazo

Tanto a prestamistas, como a operadores, les gusta que las ventas sean rápidas, y así es cómo lo manejan. Cuando alguien quiere vender a corto plazo, lo hace con la intención de vender a precios altos y volver a comprar a precios bajos. Ellos no venden sus propias acciones, venden acciones prestadas. Algunas compañías te prestarán sus acciones cuando abras una cuenta con ellos. No serás el dueño de dichas acciones, pero durante el periodo que las tengas a tu cargo, podrás hacer uso de ellas. El vendedor a corto plazo, puede tomarlas prestadas y ponerlas a la venta en un mercado disponible. Los vendedores a corto plazo, necesitarán pagar intereses a la compañía de corretaje que les prestó las acciones. La tarifa de los intereses será diferente según sea el tamaño de la cuenta. El vendedor a corto plazo, siempre espera que, con el tiempo, los precios bajen, entonces así podrá comprar y luego poner a la venta cuando suban. Eso les generará grandes ganancias haciendo que valga la pena estar en el negocio.

Cuando entras en el mercado de corto plazo, vendes un activo antes de comprarlo con la esperanza de que los precios caigan. Cuando entras al mercado a corto plazo, tienes que pagar los intereses sobre el dinero que te presten. El dinero que utilizas par el trading no es tuyo desde que lo adquieres, así que tendrás que pagar por manejarlo. Los intereses se irán acumulando durante el periodo que manejes las acciones. Para obtener ganancias en el corto plazo, las ganancias necesitarán ser superiores al costo. Tu estado de cuenta no cambiará cuando pidas prestadas las acciones, y no tendrás que ponerlas a la venta. Eso significará que te gusta el corto plazo, y tendrás un pequeño lugar en las acciones que pediste prestadas.

Traders minoristas vs. Institucionales

La Capacidad de un Inversor

Los traders minoristas tratan con acciones pequeñas, ya que tienen un precio bajo, lo que las hace atractivas. Eso les hará comprar numerosos valores diferentes para que puedan obtener un beneficio diversificado. Hacen uso de sistemas de análisis técnico que utilizan el comportamiento del precio pasado, patrones e indicadores. Eso te ayudará a predecir el posible movimiento de los precios en el futuro. Cuando no sean capaces de obtener una cantidad considerable de beneficios, culparán a su pobre sistema. No aceptan ser responsables de las pérdidas que sufren y culpan al mercado. Harán esto como una forma de proteger su ego. Olvidan que las fallas son parte del comercio y pueden incurrir en ellas en cualquier momento. Los traders minoristas utilizan la revancha y esperan grandes ganancias por eso. Una persona nueva en el negocio, sin la formación y habilidades necesarias, no necesariamente obtendrá un beneficio considerable.

Los traders institucionales, no dependerán de ningún indicador para poder conocer los movimientos de precios. Se centran en los objetivos y en la intuición, mientras prestan atención a las formas de manejar el riesgo. También se concentran en mantener una psicología comercial adecuada. Dicho comerciante pondrá su enfoque principal en la gestión del riesgo, pero rara vez hará uso de la revancha. La revancha tiene una alta probabilidad de que puedan perder el dinero, es por eso, que tienen mucho cuidado si usan la revancha.

Los traders minoristas, no cuentan con mucho capital para ayudarlos a cubrir las necesidades básicas que deben cubrir. Eso les hará correr demasiado riesgo, ya que utilizarán el apalancamiento. Si usan la resistencia, tendrán que tomar más precauciones porque pueden perder mucho más que cuando no usan el apalancamiento. Siempre piensan que cuando apalancan a los traders, obtendrán más ganancias más rápidamente. Cuando eres nuevo en el mercado, sufrirás grandes pérdidas, lo que puede disuadirte de continuar en el mercado. Desarrollarás malos hábitos que tardarán bastante en romperse.

Los traders minoristas no saben que necesitan ser coherentes a nivel profesional. Cuando desarrolles el historial correcto, estarás en una mejor posición para ganarte el respeto. Se sabe que eso es vital, incluso para obtener grandes cantidades de ganancias. Puedes entrar en un comercio con dinero que no quieres perder y obtener una buena ganancia. Tal presión es demasiado alta para algunos traders.

Los traders institucionales tienen una excelente reserva de capital y por ello, es probable que obtengan más capital. Cuando muestran consistencia y mejoran su historial, es probable que reciban más capital. Dichos comerciantes pagarán dinero para poder recibir los informes sobre el mercado de forma rápida. Ellos harán eso para estar a una milla de distancia de su competidor.

Los traders minoristas no prestan atención a pagar por información y no tienen interés en saber cómo van los datos económicos. Las mejores oportunidades de trading se les dan cuando se publican las acciones en las noticias. Eso hará que este comerciante se sienta avergonzado y no tendrá la oportunidad de saber dónde dispondrá de sus acciones.

Los traders institucionales, se centrarán en desarrollar y mantener una excelente psicología comercial. Eso les hace mirar hacia adelante y enfocarse en las cosas que son importantes para ellos cuando se trata de operar en tiempo real. Las instituciones llegarán al extremo de pagar psicólogos para que puedan mantener a los traders mentalmente activos, así como enfocados.

Comercio de Alta Frecuencia (HFT)

Es una plataforma de trading que utiliza potentes ordenadores para realizar grandes transacciones a una velocidad extremadamente alta. Se utilizan algoritmos complejos para ayudar a analizar varios mercados, así como ejecutar las órdenes en función de las condiciones del mercado. Es probable que los traders que pueden lograr las cosas más rápido, obtengan más ganancias que los que lo hacen a menor velocidad. El sistema de trading dirigirá los activos, cuando sepa la dirección en la que se dirige el mercado.

El Comercio de Alta Frecuencia, resultará familiar cuando se introduzcan incentivos a los intercambios. Su objetivo es agregar liquidez en el mercado, y el efectivo aumenta cuando aparecen más incentivos. Eso significará que los niveles de beneficio aumentarán junto a su difusión favorable. Multiplicar el rango complementario por un número significativo de traders al día se traducirá en una ganancia considerable para los traders de alta frecuencia.

Algunos verán esto como una ventaja poco ética e injusta que las grandes empresas tienen frente a los pequeños inversores. El comercio de alta frecuencia interrumpe el efecto de la equidad, porque la tecnología que se utiliza tiene estrategias ventajosas. Los traders aprovecharán la brecha entre la oferta y la demanda y utilizarán la velocidad para manipular al resto de los comerciantes. No hay una base fundamental de la empresa ni los prospectos para hacerlos crecer. Sin embargo, hay posibilidades de que puedas aprovechar una oportunidad.

El Comercio de Alta Frecuencia, no tiene un objetivo específico y puede causar daños colaterales en cualquier momento a los traders minoristas y a los inversores, quienes compran y venden en grandes cantidades. Será accesible cuando los intercambios ofrezcan incentivos. Con la gran cantidad de transacciones que se realizan en un día, se traduce en grandes cantidades de ganancias. Algunas ventajas están asociadas con el trading de alta frecuencia.

No se limitan a negociar una cantidad significativa de valores, esto le da al trader la oportunidad de obtener más ganancias. Eso será así incluso cuando haya pequeñas fluctuaciones de precios. Los algoritmos comerciales se encargan de escanear varios mercados, así como intercambios. Eso le dará al trader la capacidad de obtener más oportunidades comerciales.

Se sabe que mejora la liquidez porque aumenta la competencia en el mercado. Eso es posible ya que las operaciones se realizan de manera rápida y el número de transacciones realizadas será relativamente alto. Cuando la liquidez sube, la oferta y la demanda tienden a bajar, y eso hace que el mercado tenga un precio eficiente.

Sin embargo, algunos riesgos llegan con el trading de alta frecuencia estos incluyen los siguientes:

Es una actividad controversial y hay pocos acuerdos entre las personas involucradas. Aunque se sabe que crea liquidez, existe la crítica de que el efectivo es un fantasma. No es real porque los valores no se mantienen, ni siquiera por un tiempo. Un inversor puede comprar un valor que se ha negociado varias veces. Los traders de alta frecuencia obtendrán ganancias a expensas de los pequeños traders. Eso dificulta que los pequeños comerciantes prosperen y crezcan en un mundo tan competitivo.

Existen vínculos entre el trading de alta frecuencia y la volatilidad de un mercado que incluso puede provocar la quiebra. Algunos de los comerciantes se involucrarán en prácticas ilegales como la suplantación de identidad y las falsas apariencias. Eso hace evidente que el trading de alta frecuencia haga que exista una gran inestabilidad que no ayudará al trader a sobrevivir en el mercado. Esa será una forma de eliminar tanto a los inversores nuevos como a los pequeños, convirtiéndolo en un juego injusto.

Comercia mejor, deja el resto de lado

Da lo mejor de ti y te asegurarás de que no te arrepentirás más adelante. Debes buscar las acciones que te proporcionen las mejores rentabilidades y que no incurrirán en muchos gastos. Cada comerciante ingresa al mercado para obtener ganancias y encontrar su estilo de vida ideal. Nadie quiere entrar en el comercio y sufrir pérdidas. Ese es el deseo de todo inversor, el invertir en un mercado que le genere beneficios. Obtén las mejores acciones, las que sepas que no serán un obstáculo para avanzar. Ponlo ahí, ya sea en el mercado abierto o cerrado y asegúrate de tener una estrategia atractiva para los compradores potenciales.

Tómate tu tiempo para explorar exactamente lo que la gente necesita para poder cubrir la necesidad. No debes permitir que la demanda en el mercado supere la oferta. Eso significará que no estás activo de una forma u otra. Comerciar con lo mejor es todo en lo que necesitas, enfocarte para aprovechar al máximo las oportunidades que tienes.

El comercio que te favorezca en función de tu tiempo y tu disponibilidad es en el que te convendrá involucrarte. Tu capacidad es lo que te hará salir al mercado y empezar a operar. Sin embargo, no es necesario comenzar a operar sin un objetivo. Tu enfoque es lo que determinará si tendrás éxito o no. Tu entusiasmo por averiguar más e investigar más sobre el mercado es lo que te hará prosperar en el trade.

Las acciones o valores que supongas que no te darán ganancias deben ser lo último en lo que debes pensar. Algunas inversiones harán que sufras pérdidas todo el tiempo, independientemente del esfuerzo que les pongas. Eso te desmoralizará y sentirás que ya no hay necesidad de estar en el trade. Ese es el tipo de negocio del que necesitas desconectarte para poder ahorrar energía y tiempo.

En algunos casos, entras al negocio y te das cuenta de que no estás obteniendo ganancias ni pérdidas en absoluto. Eso hará que te estanques, lo que significa que no verás ningún beneficio de invertir en tales acciones. Puedes optar por participar en un comercio en el que necesitarás pedir dinero prestado para poder participar en el negocio. Necesitas hacerlo cuando se trata de un caso así, porque puedes terminar incurriendo en grandes pérdidas y eso no sería prudente.

Hay casos en los que es necesario hacer un esfuerzo adicional para poder sacar el máximo provecho del comercio. Puedes pagarle a un psicólogo para que mantenga el negocio mentalmente activo. Si esa es la única forma de obtener lo mejor en los negocios, no debes dudar en hacerlo. Si sufres pérdidas financieras y nunca te gradúas en otro nivel y no comienzas a obtener ganancias, debes abandonar ese negocio. Eso nunca será visto como un buen intercambio. Ten en mente que debes comerciar bien y dejar de lado el resto. El resto involucra todas las cosas que te someten a pérdidas regularmente. Las cosas que no te están permitiendo lograr lo que pretendes, necesitas considerar dejarlas también. Cuando trabajes de forma independiente, tendrás una excelente oportunidad de comerciar mejor y dejar el resto.

Capítulo 2: Gestión de Riesgos y Cuentas

Técnicas de Manejo de Riesgos para el Day Trading

La gestión de riesgos es fundamental en el sentido de que ayuda a reducir las pérdidas. En la mayoría de los casos, ayuda al comerciante a contabilizar todas las caídas en las que se puede incurrir en el proceso de trading. Los riesgos en los que se involucran los comerciantes se vuelven reales cuando se sufre una pérdida. Sin embargo, si los riesgos se manejan de forma eficaz, el comerciante obtiene más beneficios y las amenazas resultan ser una inversión. Por lo tanto, como trader, siempre es aconsejable estar atento y hacer planes efectivos. Es aconsejable evitar tomar decisiones o correr riesgos que puedan arruinar tu negocio por completo. Sin embargo, como trader, contar con estrategias y objetivos, ofrece las pautas hacia el éxito. Es bueno incorporar estrategias de gestión de riesgos en tu práctica para evitar casos en los que sufras pérdidas excesivas. Vale la pena señalar que el comercio puede ser emocionante, especialmente cuando obtienes beneficios. Sin embargo, la mejor práctica es enfocarse con la debida diligencia y, con el tiempo, podrás hacer frente a situaciones como las pérdidas.

Echa un vistazo a algunas de las técnicas que los traders pueden utilizar para manejar los riesgos.

Planificación de tus Operaciones

Hay un proverbio chino que afirma que una batalla se gana antes de pelear. En otras palabras, las mejores fuerzas militares planean cómo ganar antes de participar en la lucha real. De la misma manera, los comerciantes exitosos siempre esperan su momento. Al igual que en una fila, de avanzar hacia adelante depende toda la diferencia entre los que fracasan y los que tienen éxito.   En la mayoría de los casos, la planificación ayuda a identificar los riesgos potenciales que se avecinan. Además, se pueden prever los peligros posibles y estar preparado. A medida que realizas operaciones comerciales, asegúrate de que tu corredor sea el adecuado para el trading frecuente. Vale la pena señalar que los comerciantes exitosos saben qué vender y el precio al que venderán los productos. En otras palabras, planean el éxito inmediatamente después de recibir las materias primas.

En la mayoría de los casos, un trader que fracasa en un negocio no tiene un esquema claro de lo que necesita en el comercio. Ninguna misión o impulso los conduce. La mayoría de ellos no tiene como objetivo un margen de ganancias que dicte sus planes.

En la mayoría de los casos, están en el negocio con la mentalidad incorrecta, por lo tanto, las pérdidas son muy frecuentes. Los traders que fracasan se involucran en riesgos sin ninguna intención.

En la mayoría de los casos, participan en la transacción sin tener en cuenta los mercados. Hay algunos que se involucran en actividades comerciales que son menos rentables, con el objetivo de que las cosas cambien. En otras palabras, no tienen tiempo para estudiar sus mercados antes de comenzar. Por lo tanto, como comerciante, asegúrate de hacer algunas investigaciones de marketing antes de correr cualquier riesgo. Dicho estudio es fundamental en el sentido de ayudar a una planificación eficaz.

Considera la Regla del Uno Por Ciento

Vale la pena señalar que la mayoría de los traders que han tenido éxito en la diversificada economía del mercado, utilizan la regla del uno por ciento para ser eficaces. El gobierno sugiere que nunca se deberías utilizar más del 1% del capital en una sola operación. En otras palabras, si tienes $ 10,000 en tu cuenta de trading, tu utilización o más bien los instrumentos de uso no deberían superar los $ 100. Aunque la regla es comúnmente utilizada por personas que tienen más de $100,000 en su cuenta de asalto, es bueno considerar dichos planes para evitar cualquier caso en el que los fondos se utilicen en exceso.

Establecer puntos de frenar las pérdidas y tomar las ganancias

Es bueno adoptar una cultura en la que se tenga como objetivo obtener menos beneficios e incurrir en pérdidas menores. Un punto de frenada de pérdidas establecido, se refiere a una situación en la que un trader vende bienes a un precio más bajo que el previsto. Este aspecto se produce cuando los planes no funcionan. Sin embargo, uno debe aprender del error y encontrar formas que eviten que ocurran tales situaciones. Por otro lado, un punto de toma de ganancias, se refiere a una situación en la que un trader fija un precio y termina obteniendo las ganancias de la operación. El comerciante se ve obligado a proponer medidas que garanticen que dichos beneficios se obtendrán del mercado.

Diversificar la cobertura

Hay un dicho comercial que aconseja a los comerciantes a no poner todos los huevos en una sola canasta. El aspecto está relacionado con el hecho de que hay momentos en que las cosas se ponen feas y se produce una pérdida significativa. Por lo tanto, puedes terminar colapsando en el último momento. El arte de arriesgar requiere que uno se diversifique y asegure que los riesgos se distribuyan equitativamente. Se debe invertir más en la actividad, o, mejor dicho, dar el paso. Los peligros deben tomarse en los mercados que sean altamente disponibles.

Comparar Cuentas de Inversión

No es bueno participar en los diferentes mercados sin comparar o bien verificar cómo han ido progresando en los últimos años. En otras palabras, es bueno considerar tanto las ganancias como las pérdidas incurridas en el lugar de trabajo. El aspecto es crítico en el sentido de que permite prepararse para las pérdidas entrantes. Es bueno considerar varias opciones antes de tomar la decisión sobre qué trading te favorece. Vale la pena señalar que cuando eres un principiante en un mercado individual, hay posibilidades de que te sientas abrumado y esperes obtener ganancias instantáneas. Sin embargo, debes saber tales situaciones no existen y que puedes participar en negocios y generar pérdidas durante los primeros meses. El arte de comparar diferentes cuentas de inversión es fundamental en el sentido que le permite al comerciante tomar decisiones acertadas y eficaces. En otras palabras, el aspecto de asegurar que el trader se involucre en el mejor negocio que existe para él.

En pocas palabras, no debes involucrarte en ningún negocio por el simple hecho de hacerlo. Por el contrario, haz planes y compara diferentes opciones antes de tomar la decisión que sea más conveniente para ti.

Técnicas de Gestión de Cuentas para el Day Traiding

El arte de manejar una cuenta es que el traiding nunca es seguro. En otras palabras, el arte de negociar en un solo día, puede atraer varios problemas que deben abordarse de manera adecuada. El Day traiding, en la mayoría de los casos, es un desafío, considerando que hay días en los que se obtienen ganancias y varios otros en los que se obtienen pérdidas. Hay casos en los que los planes fracasan y se incurre en pérdidas masivas. Sin embargo, lo mejor que puedes hacer, es planificar el futuro y realizar los ajustes necesarios que son fundamentales en el trading. Vale la pena señalar que el Day traiding se vuelve rentable cuando los traders lo toman en serio y realizan investigaciones. Echa un vistazo a algunas de las técnicas fundamentales en el manejo de las cuentas de un negocio día a día.

El Conocimiento es poder

Incluso si obtienes beneficios día a día, debes seguir aprendiendo. En otras palabras, también, si estás familiarizado con todo lo que se requiere, es bueno agregar más habilidades a tus labores. El aspecto está relacionado con el hecho de que cuanto más te actualices, mejor serás. Es bueno seguir avanzando y haciendo evaluaciones comparativas en diferentes áreas. El aspecto es crítico en el sentido de que uno puede comprender lo que otras personas siguen haciendo para aumentar la obtención de beneficios internos. Es aconsejable seguir estudiando y aprendiendo, en lugar de fingir saberlo todo y acabar fracasando.

Apartar Fondos

Dado que estás ganando en diferentes lugares, es bueno ser sabio y ahorrar algunas monedas. En otras palabras, después de obtener grandes ganancias, es bueno no consumirlo todo, sino considerar los cambios que se esperan. El ahorro es fundamental en el sentido de poder compensar las situaciones cuando se producen las pérdidas.

Establecer tiempo a un lado

El Day trading requiere más de tu tiempo. En otras palabras, debes estar atento y tomar las decisiones necesarias o, más bien, los arreglos que te asegurarán que estás en tu Day trading correcto. Algunos aspectos no se pueden lograr a menos que estés presente. Por lo tanto, debes estar lo suficientemente atento y asegurarte de que estás haciendo los ajustes necesarios mientras trabajas. Aunque cualquiera podría estar atrapado y con problemas y no estar disponible. Sin embargo, se deben hacer los planes necesarios para garantizar que los arreglos se realicen de forma activa y priorizar tu presencia. Este aspecto es importante en el sentido de que permite un seguimiento cercano del negocio; por lo tanto, pocas pérdidas se deberán a errores.

Empieza poco a poco

Vale la pena señalar que Roma no se construyó en un sólo día. En otras palabras, incluso si necesitas tener un gran negocio, debes comenzar de inmediato y permitir que se lleve a cabo el proceso de crecimiento. Vale la pena señalar que, sin paciencia, la empresa podría colapsar. Por lo tanto, al comenzar tus planes, asegúrate de comenzar poco a poco y sigue invirtiendo a medida que pasa el tiempo. Esto te permite identificar los problemas y hacer una pausa si fuera necesario.

Evita las acciones de centavos

En la mayoría de los casos, al realizar Day trading, tu objetivo será obtener ganancias y gastar menos. Sin embargo, eso no es una garantía de que debas almacenar acciones de centavos para poder obtener ganancias. Es bueno elegir la calidad y hacer elecciones que mejor suenen. En otras palabras, asegúrate de almacenar productos de alta calidad y esperar obtener ganancias extraordinarias.

Sincronización

Vale la pena señalar que no existe un comercio en temporada alta durante todo el año. En otras palabras, hay días en que la temporada es relativamente baja. Sin embargo, si tienes experiencia, aprenderás que hay momentos en los que se obtienen beneficios sobrenaturales. Asegúrate de que, en este momento, tengas todo lo necesario. Es bueno reconocer los patrones en el mercado y trabajar con ellos.

Reduce las pérdidas con órdenes limitadas

Es bueno decidir qué tipo de normas tomarás. En otras palabras, es prudente asegurarse de que se investiguen bien todos los actos realizados para verificar los gastos incurridos y las ganancias esperadas. Dicho de otra forma, se deben considerar los beneficios de cada solicitud. Por lo tanto, para evitar más pérdidas, debes realizar una operación o más bien una orden que esté cumpliendo con las expectativas tanto del vendedor como del comprador. Dichos aspectos son críticos en el sentido de que permiten evitar grandes pérdidas a la hora de suministrar o satisfacer las necesidades de las órdenes que podrían no ser pagados o retrasarse en términos de compensación. Sin embargo, uno puede concentrarse en una orden más prometedora, y eso es seguro. Este aspecto es muy importante en el sentido de que abre la mente de un individuo y lo expone a las cosas que son críticas en los negocios.

Ser Realista

Vale la pena señalar que una estrategia no tiene que ganar en todo momento para ser efectiva. En otras palabras, no tienes que seguir cambiando tus planes si un enfoque no logra generar algunos aspectos de las ganancias esperadas. Vale la pena señalar que un proyecto puede ganar hoy e incurrir en pérdidas mañana. Sin embargo, eso no es garantía de que esta sea la tendencia para siempre. Por lo tanto, es bueno tener paciencia y ser realista al comprender que los días son diferentes y las pérdidas y ganancias son reales. Por lo tanto, a medida que te dediques a este negocio del día a día, asegúrate de estar fresco y operar de la manera correcta. Apégate a tu plan y ten algo que te impulse. Vale la pena señalar que los trades exitosos se mueven muy rápido y no piensan demasiado. No es necesario cambiar la estrategia para seguir ganando. Sin embargo, debes estar atento y hacer algunos planes básicos que te favorecerán. Es aconsejable seguir la fórmula con prudencia en lugar de copiar lo que están haciendo otras personas. Trabaja con tu línea, especialízate, sé único y atrae a más clientes.

Psicología del Trading

El comercio es la tarea más significativa en la que uno puede participar. El aspecto se debe al hecho de que uno se enfrenta a muchos problemas que desafían su vida. Algunos clientes son bastante peligrosos, mientras que otros te sonreirán amablemente. Todos estos aspectos se encuentran comúnmente en el trade. En otras palabras, es una profesión que agudiza y abre la mente de cualquier individuo. El aspecto psicológico del comercio es fundamental. El arte de pensar más rápido y tomar las decisiones correctas en un período corto es fundamental en varios aspectos. Es bueno invertir tiempo en emprender un trabajo que te motive en los negocios y evite el engranaje del miedo que puede afectar la forma en que interactúes tanto con los comerciantes como con los clientes. En otras palabras, el arte de ser valiente y afrontar el comercio con la máxima fe en que todo saldrá bien es fundamental.

Echa un vistazo a algunos de los aspectos que son importantes para comprender el arte de la psicología comercial.

Entendiendo el miedo

Cuando los traders reciben malas noticias, se produce la conmoción y la confusión. Uno se preguntará qué hacer después. En la mayoría de los casos, uno se ve obligado a dejar lo que esté haciendo para atender las necesidades que aparecen en el trabajo. Sin embargo, como buen trader, debes comprender cuando actúa miedo y responder adecuadamente. Vale la pena señalar que el miedo es una reacción natural que se percibe cuando algo ocurre en la vida. Cabe señalar que no se pueden evitar las catástrofes en el trade. Hay días en los que ocurren accidentes y uno puede perderlo todo. Hay otros casos en los que todo va bien y de pronto algo sale mal y uno se ve obligado a sufrir pérdidas. El arte de manejar el miedo es fundamental. El arte de comprender el factor que está causando preocupación y la razón detrás de este miedo es necesario. Es bueno reflexionar lo antes posible sobre el problema que está causando preocupación. Si temes que algo terrible pueda estar pasando en tu negocio, debes estar preparado y realizar los cambios necesarios que podrían ayudar a frenar el problema. El aspecto puede incluir evitar una ruta comercial en particular o dejar de suministrar o hacer las mismas órdenes. A pesar de todas las sensaciones, lo mejor que se puedes hacer como trader es asegurarte de que todo sea novedoso y mantener el enfoque que actúa como fuerza motriz.

Superando la Codicia

Existe un dicho que expresa que incluso los cerdos son sacrificados. En otras palabras, los cerdos son conocidos como algunos de los animales más codiciosos. Sin embargo, llega un punto en el que los cerdos son asesinados y devorados por seres humanos a pesar de su naturaleza codiciosa. De la misma manera, si te estás aprovechando del comercio, existen posibilidades de que algún día las cosas sean contraproducentes y termines perdiendo las inversiones de todo el año o período. En el trade, la codicia puede ser devastadora ya que el trader corre el riesgo de ser azotado por un solo golpe. Si uno no tiene cuidado, el aspecto codicioso del comercio puede llevar al comerciante a una zanja de la que nunca se recuperará. Por lo tanto, antes de tomar una decisión, asegúrate de realizar una investigación y aprende a ser paciente con lo que sea que hayas estado haciendo. El aspecto está relacionado con el hecho de que hay traders que se dedican a los negocios simplemente porque obtienen muchos beneficios allí. En la mayoría de los casos, participarán en el mercado sin saber qué se requiere para ese trabajo.

Establecer Reglas

A menos que existan reglas que rijan lo que estás haciendo, existe las posibilidades de que te caigas. En otras palabras, incluso si tú eres tu propio jefe, debes entender que hay otros traders con los que estás compitiendo. El aspecto indica que debes tener algunas pautas que rijan las actividades que estás realizando. El elemento es fundamental en el sentido de que ayuda a evitar casos en los que los fondos se utilizan de manera inapropiada. No tienes que ser emocional cuando las cosas no funcionan. Sin embargo, con las pautas necesarias, estarás en una excelente posición para evadir la pérdida ya que las políticas te están guiando. El arte de hacer las cosas sin un plan o más bien sin pautas, te lleva al arte de perder en todo momento. Vale la pena señalar que la planificación incluye los fondos a utilizar, así como el tiempo para dedicar al trade. Trabajar durante muchas horas no te garantiza el éxito. Sin embargo, el arte de trabajar de manera inteligente, juega un papel fundamental para garantizar que un comerciante logre todo lo que se propone en la vida. Incluso si tienes una familia, es aconsejable establecer límites sobre los fondos que utilizarás. No tienes que utilizar todas las ganancias simplemente porque eres tu jefe. Sin embargo, incluso es aconsejable tener un socio responsable que te guíe sobre cómo llevarlo a cabo. Sé abierto con esas personas y permíteles que te aconsejen en ése sentido. Es aconsejable ser deliberado y tomar las decisiones correctas. Sin embargo, todo esto depende tanto de la emoción como de la percepción que tengas. También es aconsejable establecer objetivos que te guíen. En caso de que llegues a tu destino, no tienes que apegarte al mismo límite. Asegúrate de concentrarte y aumentar el arte del enfoque. El aspecto está relacionado con el hecho de que el trading requiere estar alerta y abierto a nuevas ideas. Sigue aprendiendo y solicitando consejos de tus superiores. Esto te permitirá trabajar dentro de ciertos límites y evitar muchas pérdidas.

Capítulo 3: Cómo Encontrar Acciones para Traders

Acciones en juego

Recuerda que el comercio es muy competitivo y requiere un análisis exhaustivo. Las acciones del mercado tienen esa naturaleza de aumentar y disminuir sistemáticamente. Depende de ti, como comprador, evaluar con precisión cómo se efectúa la acción en el trading. En el trading, hay indicadores que hay que leer con claridad. Las acciones en juego aquí se mueven muy rápido y necesitan a alguien que sea el especialista correcto.

Las acciones en juego pueden producir ingresos excelentes y riesgos terribles, respectivamente. Sin embargo, si eres un inversor, esta no es la mejor combinación para ti, ya que estas acciones son muy volátiles. Por lo tanto, es adecuado para comerciantes diarios que desean ganancias rápidas. Recuerda que están los corredores de bolsa que exigen la comisión de intermediación. Por lo tanto, los Day traders deben vigilar el comportamiento de las acciones para asegurarse de obtener una ganancia más significativa.

Características de las Acciones en Juego

Las acciones en juego son volátiles. Esa es una de las principales razones por las que a los Day traders les gustan las acciones en juego. La volatilidad de estas acciones significa que su valor fluctúa más que otras carteras. Por lo tanto, puede intercambiarlos y negociar un riesgo o beneficio más significativo debido a su fluctuación. Si tus indicadores marcan el patrón correcto, obtendrás resultados más sustanciales.

Eso es diferente a las empresas que están destinadas a las inversiones. Estas empresas muestran un cambio menor en la fluctuación de precio de las acciones. Eso significa que son menos volátiles. Quizás el período en el que experimentan tales variaciones de precios puede ser incluso una vez al año. Por lo tanto, esto requiere que los traders sean lo suficientemente pacientes para tratar de alcanzar los beneficios. Además, también están protegidas con menos riesgo, debido a esa baja volatilidad. En un sentido simple, si tú eres un inversionista al que le gusta caminar en mercados lentos pero seguros, entonces este es el mejor camino a seguir.

Otra característica es que muestran mucho volumen. Al igual que la cantidad volátil aumenta en las acciones en juego, no es de extrañar que a veces se experimenten rendimientos más altos. Recuerda que el volumen es un indicador esencial del análisis técnico que mide las diferencias y el impulso del precio de negociación. Cuanto mayor sea el tamaño, más posibilidades de obtener ganancias. En otro concepto, este volumen es el número de acciones negociadas durante un período específico. Por lo tanto, los traders deben elegir las acciones de mayor liquidez. Eso significa que en su mayoría son convertibles en efectivo. Ideal para los Day traders que buscan una entrada y salida rápidas del negocio, por lo tanto, requieren valores líquidos. Eso es para decirte que, si una acción no tiene un nivel de liquidez, entonces el corredor es incapaz de negociar un buen trato con el comprador.

Cómo usar Acciones en Juego

La mayoría de las acciones entran en juego como resultado de una situación, como un anuncio en las noticias, en el que se negocian masivamente. Sin embargo, no juzgues el comercio basándote en esas noticias porque puedes predecir el precio de ese momento. Naturalmente, cabría esperar que los precios de las acciones cayeran como consecuencia de los resultados adversos. Contrariamente a eso, estos resultados pueden sorprender a las acciones con noticias indeseables, por lo que las hacen impredecibles. Siempre verifica para conocer el movimiento del precio de la acción en juego. Por lo tanto, debes reconocer el mejor tipo de indicador aplicable.

Para tener una acción adecuada en juego, primero, conoce los términos de uso técnico. Estos términos pueden incluir el mercado bajista, el colapso o la ruptura; ahí es donde la acción rompe por debajo de las altas o bajas anteriores, respectivamente. Otros son los dividendos, los puntos de equilibrio y muchos otros términos.

También debes saber el tipo de indicador que se utiliza, que incluye el RSI, MACD, y oscilador estequiométrico y muchos otros. Después de conocer todos estos aspectos técnicos, verifica el movimiento del precio mediante una prueba de demostración e intenta operar. Hazlo como prueba y error hasta que evalúes el cambio de patrón y la tendencia de las acciones. Conoce el punto particular en el que obtendrás un gran puntaje en el mercado. Finalmente, haz un negocio después de realizar eso.

Flotación y Capitalización de Mercado

Es posible que hayas visto un anuncio de una bolsa de valores en el periódico. ¿Te tomas un tiempo para pensar en la capacidad de las acciones que una empresa ha cedido para negociar? Además, ¿sabes o no si se supone que se venderán otras acciones? En ese caso, la capitalización de mercado es el valor total de la acción de la empresa en circulación que se puede negociar. Las acciones en circulación son propiedad de los accionistas u otras partes interesadas. Por lo general, su precio se basa en el rango de precios de mercado de una empresa.

La capitalización de mercado flotante son las acciones que tienen en cuenta el tipo de acciones que se liberan para la suscripción pública. Eso significa que las acciones que ves anunciadas en los periódicos son a veces acciones flotantes. Eso debería excluir las acciones restringidas que no deben negociarse. Estos activos incluyen las acciones propiedad de los iniciados, los promotores o el gobierno. La capitalización de mercado libre es una técnica para medir la capitalización del mercado.

Factores que Afectan la Capitalización de Mercado y Cómo Calcularla

Para calcular la capitalización de mercado al día, se deben multiplicar las acciones en circulación por el índice de mercado del día. Por lo tanto, los factores que afectan la capitalización de mercado deberían afectar a cualquiera de estos dos dominios, que son las acciones en circulación y el precio de mercado.

En ese caso, los factores que afectan el número de estas acciones en circulación incluyen, en primer lugar, la emisión de las nuevas acciones, que son completamente diferentes de las acciones iniciales. Cuando en algún momento se negocian nuevas acciones, tienen un valor más alto. O pueden obtener un margen de beneficio más considerable a medida que el cliente se sienta atraído y haya probado una muestra de tu comercio.

Otro determinante es la recompra de acciones, esto es cuando la empresa desea comprar las acciones que había vendido a los suscriptores o accionistas. Ese es un movimiento para reemplazar el pago de dividendos a esos accionistas, ya que consideran que la bonificación es una forma costosa de devolver efectivo a los accionistas.

En cuanto al índice de precios de mercado, se ve afectado por los siguientes factores. Un factor es la oferta y la demanda de acciones. Es decir, si hay una mayor demanda de acciones, el precio bajará y viceversa. La fortaleza de la empresa en términos de ingresos también determina el índice de precios. También puedes comparar el desempeño de la competencia con el de la empresa para fijar el precio de la acción para lograr esa ventaja competitiva. Por último, existen macro factores que están por encima de las capacidades de las empresas. Eso incluye las leyes gubernamentales sobre los activos comerciales o la política de la tierra.

Cómo calcular las Acciones flotantes

Estas acciones se obtienen restando las acciones en circulación con las acciones reiniciadas. Luego, puedes multiplicar sus resultados con el índice de mercado de la empresa. Incluso puedes obtener el porcentaje de las acciones dividiendo las acciones flotantes con las acciones en circulación. Los resultados de eso se pueden multiplicar con un impedimento para conocer ese porcentaje.

Algunos de los factores más notables de las acciones de capital flotante son las decisiones de gestión y la influencia del gobierno. Por ejemplo, el gobierno o la administración pueden canjear esas acciones restringidas como no restringidas, aumentando así esa flotación. Además, una empresa puede influir en sus activos vendiendo más de ellos en una segunda oferta.

Brechas Previas a la Comercialización

Oye, no tengas tanta prisa por completar un negocio. Primero, verifica el comportamiento del mercado antes de colocar las cuotas o tu cuenta. Al tener el pre mercado, conocerás la tendencia y el movimiento de precio o volumen del mercado. Ahí es donde te darás cuenta del área rentable para colocar tus fortunas.

Así como identificas los nichos u oportunidades en el mercado, lo mismo se aplica al comercio de acciones. Estas brechas deben determinarse antes de realizar un intercambio. Por lo general, son el lugar específico en el gráfico donde las acciones se mueven bruscamente hacia arriba o hacia abajo con un poco de sentido comercial. Por tanto, los activos muestran la intensidad del gap que se puede analizar al momento de negociar con esa acción. Los especialistas e inversores inteligentes saben muy bien cómo utilizar las diferencias establecidas.

Cómo Utilizar las Brechas

Como ya se ha mencionado acerca de la relevancia de estas brechas, uno tiene que utilizar esta oportunidad de oro para aprovechar con precisión una ganancia considerable. Recuerda que la actividad debe realizarse antes del ejercicio comercial. Si eres un aprendiz, primero debes conocer los diferentes tipos de brechas.

También están las brechas de ruptura que ocurren al final del patrón de precios. Además, indican dónde debería comenzar una nueva operación. Eso es relevante, especialmente para los Day traders a quienes les gusta salir e ingresar al mercado con ganancias. Si la brecha no estuviera disponible, la mayoría de los traders abandonarían el mercado con una pérdida considerable.

Varios indicadores te muestran que es tu último intento comercial. Estos indicadores son las brechas de agotamiento. En pocas palabras, son los indicadores que identifican el final de un patrón de precios y apuntan al esfuerzo anterior.

A algunos les gustan las brechas comunes que muestran el área donde el precio ya se ha disparado. Por tanto, estos indicadores no representan ninguna tendencia de precios. Oye, no es obligatorio que los indicadores identifiquen un peligro al final de la negociación de cierre, pero el punto de salida se puede descubrir en medio de la negociación. Imagínate lo crucial que sería descubrir una amenaza en medio del intercambio. Por lo tanto, tendrás tiempo suficiente para escapar del negocio y prepararte adecuadamente. Entonces ese puntero es la brecha de continuación.

El otro paso a contemplar es si llenar o no el vacío. Recuerda, por llenar el vacío. Eso significa que el precio está en el nivel de brecha inicial. Por tanto, la resistencia técnica influye en estos rellenos. Ahí es donde el precio sube y baja bruscamente.

Otra situación es donde la negociación inicial puede estar demasiado constituida que invita a la corrección. Por tanto, este fenómeno se conoce como exuberancia irracional.

El último fenómeno es el patrón de precios. Eso implica el movimiento de precios de la negociación. Depende de cómo se mueva o de su dirección. Características como las brechas de continuación y ruptura describen este movimiento direccional. Eso significa que es menos probable que estos vacíos se llenen debido a su carácter de presentación direccional. Sin embargo, las brechas de agotamiento de esos me gustaría que se llenarán porque atraen el punto final de la tendencia de precios. Por lo tanto, depende de ti, el inversor, leer detenidamente el comportamiento del patrón comercial. Ten en cuenta la brecha de agotamiento, especialmente para salir del negocio y asegurarte de haber obtenido ganancias.

La última etapa es la parte más crucial donde se explica cómo manipular los vacíos o la brecha.

Antes de realizar esa operación, debes tener en cuenta varias precauciones. Estas precauciones te permiten verificar tu operación y garantizar que no haya pérdidas en el evento. Por ejemplo, debes darte cuenta de que una vez que los activos se colocan en la venta, difícilmente se detendrán ya que no existe ese soporte o resistencia inmediata.

Identifica siempre los huecos direccionales como el agotamiento y los huecos de continuación que se mueven en un rumbo diferente. Debido a que los espacios se mueven en la dirección opuesta, es difícil definirlos. Por lo tanto, recuerda clasificar cada tipo de brecha de manera adecuada.

Sigue con atención la tendencia de movimiento de precios y comprende los indicadores de puntos de ganancia más altos. Conoce el área que tienes para salir o ingresar al mercado utilizando los tipos relevantes de esas brechas. Analiza la tendencia del volumen también en consecuencia para indicar las brechas presentes. Siempre reconoce que el volumen más alto está asociado con los espacios de ruptura y la menor cantidad asociada con los espacios de agotamiento.

Una vez que sepas que estás listo para comenzar el negocio, algunos jugadores negociarán con la positividad del informe que se publicará sobre la brecha en el próximo día de negociación. Es entonces cuando los factores cruciales y los especialistas clave declaran buenas tendencias de los patrones al día siguiente. También identifican dónde comprar los activos cuando son de mayor liquidez o con poca liquidez. A la mayoría de ellos les gusta comprar acciones líquidas con niveles de iones como brechas de agotamiento, donde sus acciones se convierten fácilmente en dinero al salir.

Otra forma en que lo hacen los especialistas es desvaneciendo la acción en la dirección opuesta una vez que establezcan que se han alcanzado los indicadores de punto alto o bajo del capital. Una estrategia que utilizarán es la técnica de cortocircuito. Eso implica que cuando los especialistas predicen una caída de las acciones, las pedirán prestadas y las venderán a otros comerciantes. En consecuencia, el trader negociará con la probabilidad de que las acciones disminuyan y pueda comprarlas a bajo precio. Recuerda que el préstamo debe realizarse antes de que se espere que las acciones prestadas sean devueltas al donante.

Escaneo intradía en Tiempo Real

Recuerda que el comercio es muy diverso y necesitas esa torre de control o una cabina que escanee el comercio. El término intradía se refiere al acto de comprar y vender acciones en el día. Eso significa que el día de negociación abre y cierra el mismo día o el otro día siempre que no se excedan las veinticuatro horas. Los escáneres son los objetos informáticos programados que procesan los datos según las instrucciones. Tienen el software que procesa los valores de todas las acciones que está negociando y las transacciones involucradas.

Además, transmiten los resultados en tiempo real a medida que continúa la operación. Identificar al mejor evaluador es difícil y se necesita la ayuda de un profesional. Sin embargo, es conveniente que tengas en cuenta los siguientes factores al adquirir los objetos.

Cómo Elegir un Escáner de Acciones

Considera los escáneres integrados para los traders que se sienten incómodos al usar sus escáneres. Estos filtros integrados se programan de acuerdo con la negociación y las carteras involucradas. Tienen un algoritmo y criterios dominados que ayudan a ejecutar un comando cuando sea necesario. Si tú eres ese comerciante profesional y deseas ahorrar tiempo de negociación, considera usar este objeto.

Este filtro involucra a las acciones que golpean y señalan las nuevas compensaciones altas y bajas, el análisis de equilibrio y las acciones que cruzan las medias móviles.

Algunos son el escaneo personalizado. La palabra personalizado en este contexto significa el contenido personalizado que se encuentra en esas máquinas. Eso significa que estás involucrado en la creación o programación del dispositivo. Por lo tanto, especifica las funciones y características necesarias que deben estar presentes en ese objeto. Si estás usando algo que te habían recetado, te sentirás seguro al usar el cambio.

Estos escáneres también ofrecen flexibilidad. Ahí es donde la información se puede manipular de acuerdo con tus deseos cambiantes de cómo deseas que se vea el artículo.

Considera los filtros que se encuentran en ese software de escaneo. Recuerda que los profesionales utilizan estos objetos; por lo tanto, deben tener elementos de filtrado actualizados. Filtrar en este sentido significa la clasificación o análisis de precio, volumen, EPS, ingresos, el patrón de comportamiento del indicador y otras métricas. Los filtros se encuentran normalmente en los escáneres. También deben corresponder a lo que espera el comprador; por lo tanto, si tu evaluador aparece con esos elementos. También simplifican tu trabajo al negociar las acciones.

Considera cómo los dispositivos pueden integrarse con otra información esencial relacionada con el comercio de acciones. Recuerda que los objetos son utilizados por los usuarios finales que pueden no ser capaces de analizar la falta de una acción en un mercado con los componentes. Estos componentes pueden incluir los factores que afectan el desempeño de las acciones, como las noticias sobre el precio de las acciones. Algunos otros aspectos consisten en el tipo de gráficos como el candelabro o la variedad de indicadores disponibles. Por tanto, ese escáner debe tener esa plataforma de negociación que coincida con las noticias correctas e información que afecte al comportamiento de las balanzas.

Planificación del Comercio Basado en los Escáner

Estos objetos son cruciales a la hora de negociar con las acciones. También simplifican tu forma de analizar el precio, el volumen y el indicador en sí. El propósito que tiene ese software que incluso puede guiarte en la realización de un comercio fructífero que obtendrá buenos resultados. Eso significa que puedes aumentar tus probabilidades de éxito. Por lo tanto, debes planificar en consecuencia cómo usar el programa. Las siguientes son formas de iniciar con su uso.

Primero, debes adaptarte a su uso. Si estás tratando con una empresa, enséñale a tu subordinado cómo usarla, o puedes ir a las secciones de capacitación. En otras ocasiones, debes invitar a expertos para que te ayuden a comprar los escáneres adecuados, como se explicó anteriormente. El uso de escáneres personalizados es mejor porque tus deseos y preferencias se articularán en el software. Por tanto, lanza el programa y transmítelo a los de tus compañeros.

Luego, planifica instalar alertas diarias en tu dispositivo. Ese debería ser un mecanismo para alarmarte sobre el estado de las acciones en movimiento o algo único que esté sucediendo en los mercados. Es un inconveniente, ya que otros comerciantes suelen consultar el mercado cada hora de la noche para conocer la tendencia. ¿Qué crees que pasaría si duermes a expensas de una gran oportunidad de hacer el trading? Probablemente te sentirás estresado cuando pierdas mucho. Por lo tanto, si tienes esta improvisación, te alertarán sobre un posible margen de ganancias.

Además, planifica la creación de listas de observación que se ocupen de controlar el comportamiento de esas acciones. Pronostica las carteras que te harán anticipar que funcionará bien en el futuro. Realiza un seguimiento y verifica su respuesta. Puedes clasificar un puñado de acciones que te guste comprar. Además, ahorra tiempo cuando deseas volver a operar otro día.

Capítulo 4: Herramientas y Plataformas

¿Qué Intermediario usar?

Cuando deseas operar, es importante asegurarte de tener un buen intermediario. Primero, necesitas saber el tipo de servicio que deseas que te ofrezca el corredor y el tipo de trader que deseas ser. Hay traders que requieren que el intermediario administre por ellos la cuenta y también brinde otros servicios, como asesoramiento sobre opciones de inversión y servicios de investigación. Si necesitas dichos servicios, es mejor tener un intermediario de servicio completo. Este tipo de intermediario es bueno para los traders que son nuevos y necesitan mucha ayuda; sin embargo, si confías en tí mismo, puedes optar por el intermediario con menor frecuencia. También debes recordar que el riesgo de invertir en el comercio debe estar bien calculado porque necesitas tener más conocimiento del comercio y comprender la mecánica y el truco del comercio de acciones.

Además, no solo consideres el precio ofrecido por el corredor. Mira qué tan efectivo será el intermediario para llevar a cabo los servicios que acuerde. Puede que no sea fácil al principio, pero puedes buscar el consejo de un trader más experimentado; puede ser que conozca la conexión de buenos intermediarios de bolsa. Puedes conseguir un intermediario de bolsa que tenga un precio bajo, pero los servicios ofrecidos serán ineficientes; por ejemplo, la ejecución de una operación simple lleva tiempo y, cuando se ejecuta, se ha incurrido en pérdidas. Por lo tanto, es mejor tener un corredor que cobre un poco más por sus servicios y ofrezca los servicios prometidos que tener un corredor barato que no ejecute ninguna orden a tiempo. En estos días, es más fácil poner a los corredores en línea a través de la búsqueda. Compara los precios de los corredores y los servicios que ofrecen,

Plataformas de Trading

Las plataformas de trading de acciones incluyen la plataforma tradicional y las plataformas de trading en línea. Las plataformas tradicionales incluyen a los intermediarios que buscan a los traders a través de anuncios en los principales medios de comunicación o visitan a las personas en sus lugares de trabajo y en sus hogares para persuadirlos de que adquieran acciones de una empresa en particular. El trading en esta plataforma lo inicia la mayor parte del tiempo el intermediario, que contiene toda la información sobre cuál es la mejor acción para negociar y las tendencias y patrones que se pueden utilizar para tomar decisiones sobre un movimiento comercial en particular. El trading en esta plataforma es lento y la velocidad de reacción a cualquier movimiento comercial lleva horas porque el trader debe informar al intermediario sobre el movimiento esperado y el intermediario ejecuta en nombre del trade.

Las otras plataformas son plataformas en línea, donde todo se hace en línea utilizando una computadora o un teléfono móvil. Ésta plataforma ofrece un entorno flexible para el comercio en el que el trader puede hacer todo por sí mismo o utilizar un intermediario que gestione solo la cuenta o todas las decisiones comerciales, según el acuerdo entre el trader y el intermediario. La velocidad de reacción de estas plataformas es primera con otras personas ideando formas sobre cómo minimizar los procedimientos involucrados en la ejecución de acciones importantes. En esta plataforma, el tiempo es crucial, ya que la demora te hace perder mucho mientras que la reacción oportuna aumenta tus ganancias. Los traders también tienen acceso a una amplia gama de información que es útil para tomar decisiones cruciales de trading y planificar inversiones futuras. También hay casos de capacitación en línea a un menor costo, donde el trader tiene publicidad cuando tiene suficiente experiencia, se le da una cuenta comercial para administrar. Esta plataforma ha hecho popular el comercio de acciones, y los traders independientes pueden unirse al comercio con la menor cantidad dependiendo de la compañía de intermediarios.

Indicadores en el Trading

El patrón ABCD

Este es un indicador que realiza tres oscilaciones formando la línea AB y CD que a veces se denominan piernas, donde BC es la línea de corrección. Este patrón se presenta con las líneas BC y CD de la misma longitud. El patrón ABCD usa una tendencia bajista, y cuando se ve, muestra que la tendencia se revertirá de abajo hacia arriba. Hay tres tipos de tendencias ABCD: la extensión ABCD, el patrón ABCD clásico y AB = CD.

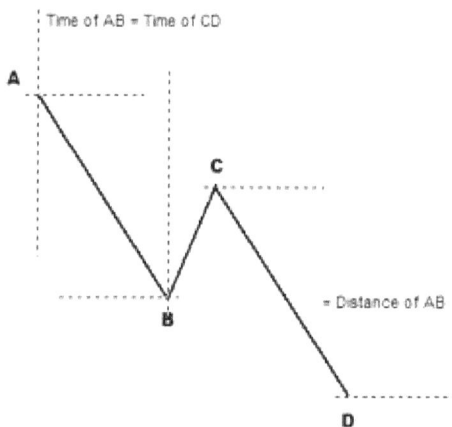

AB = CD Pattern

Es importante estudiar el gráfico hasta el momento en que los precios alcancen el punto D para que ingrese al comercio.

Comercio de Revocación

Este es un indicador de que una tendencia está a punto de cambiar cuando la tendencia en los precios de las acciones quiere cambiar en una tendencia, ya sea de abajo hacia arriba, de arriba hacia abajo. Este indicador se puede reconocer observando dónde se acumula el patrón. Si la acumulación ocurre en la parte inferior, muestra un reverso de la tendencia a la baja y, por lo tanto, los compradores comienzan a comprar para beneficiarse del aumento anticipado de los precios de las acciones. Del mismo modo, si se produce acumulación en la parte superior, los vendedores comienzan a vender sus acciones para evitar pérdidas.

El Indicador de Media Móvil

Se considera que esto hace uso de la media móvil en términos de precios de las acciones. Un promedio móvil inclinado hacia arriba indica una tendencia al alza en los precios de la acción, y cuando se ve que se inclina hacia abajo, muestra que el precio de la acción está en la tendencia alcista. Una inclinación a la baja impulsa al vendedor a vender para reducir las pérdidas, mientras que la tendencia al alza muestra señales al comprador para que compre acciones para beneficiarse del aumento en los precios de las acciones. Este indicador es más fácil de usar, ya que permite al comprador o al vendedor comprender la corriente que se muestra en el gráfico y predecir si se revertirá hacia abajo o hacia arriba según la acumulación de patrones.

El indicador de Rojo a Verde

Este es un indicador que muestra rojo o verde dependiendo de la diferencia entre el precio de ruptura del día y su precio de apertura. Cuando el precio de apertura de una acción es más bajo que el precio de cierre, se encienden luces rojas para mostrar que no es el momento de vender la acción; por el contrario, cuando el precio de apertura es mayor que el de cierre, indica que los vendedores pueden vender porque los precios están más altos. Utiliza siempre este indicador para operar cuando desees operar durante el horario de apertura.

Datos de Mercado en Tiempo Real

El trading de acciones tiene lugar cada minuto y, por lo tanto, los volúmenes de acciones se comercializan cada minuto y los precios cambian de vez en cuando; este registro se llama mercado en tiempo real. Los datos de mercado en tiempo real son la información que se actualiza sobre el volumen de acciones negociadas y los precios actualizados; esta información se le da al usuario después de cada minuto. Luego se representa como por horas, diarias y mensuales. Por lo tanto, puedes analizar fácilmente la información después de cada minuto y comparar la tendencia de la acción en el precio y en los volúmenes negociados. Por lo tanto, todas las acciones están representadas en el gráfico de manera que cada vez que se realiza una transacción, se registra en la cinta, dando la cantidad de acciones negociadas y a qué precio. La curva del gráfico, por lo tanto, da la fluctuación del valor de la acción. La información en tiempo real es útil para los traders que compran o venden acciones durante el día. La información es útil para calcular la pérdida o ganancia esperada, especialmente para los traders que han permanecido en la misma posición durante mucho tiempo. A medida que las acciones en el mercado cambien de manos, habrá una actualización de las pérdidas y ganancias, lo que permitirá al comerciante tomar una decisión sobre si recomprar las acciones que había vendido o vender las que tiene sin perder mucho. Los datos en tiempo real también son útiles para los traders que están en la pantalla y quieren reaccionar ante noticias sobre acciones o noticias que afecten el comercio de acciones. Se trata de inversores que permanecen en una posición comercial durante mucho tiempo y en su mayoría confían en las noticias sobre la valoración de la empresa que mantienen sus acciones para cambiar su posición. La información también la utilizan los Day traders que tienen aplicaciones que crean gráficos que utilizan para monitorear el movimiento de las acciones y realizar transacciones diarias. El retraso en la actualización de los datos en tiempo real puede resultar costoso para los traders que dependen de gráficos creados a partir de datos en tiempo real. Por lo tanto, dependiendo del tipo de comercio que prefieras, diario o de largo plazo, los datos del mercado en tiempo real son útiles.

NASDAQ Nivel 2 y Bid-Ask

El nivel 2 de NASDAQ fue un servicio que se introdujo en el trading de acciones a todos los operadores para acceder a la cartera de pedidos del NASDAQ en tiempo real. Brinda a los comerciantes información sobre la profundidad del comercio y el impulso del mercado en términos de comerciantes e inversores. Los comerciantes pueden acceder a información sobre cotizaciones de precios realizadas por los creadores de mercado en cada acción listada por NASDAQ. La información se muestra en el tablón de anuncios de OTC; tiene una ventana que se muestra en el lado izquierdo mostrando los precios y tamaños y en el lado derecho. El precio proporcionado en el nivel 2 no es un reflejo real de los niveles comerciales. El NASDAQ solo proporciona el precio disponible, así como la liquidez de la acción. Sin embargo,

La negociación diaria de acciones en el mercado proporciona diferentes precios para los comerciantes, que se actualizan en tiempo real siempre que el mercado esté abierto. Estos precios son el precio de oferta, el de demanda y el último precio. La oferta es el precio más alto que se le da actualmente a la orden de compra, mientras que el precio de venta es el costo más bajo al que un vendedor está dispuesto a vender. El individuo que compra acciones, por lo tanto, busca el precio de oferta, mientras que el vendedor siempre busca el precio de oferta. La diferencia entre los dos precios se llama spread. Los dos precios son un concepto muy importante y los comerciantes no deben ignorarlo; representa la oferta y la demanda de acciones. Mirando el mercado, si la cotización de las acciones tiene una oferta de $ 13 y una demanda equivalente a $ 13.20, un comprador comprará las acciones a $ 13.2 y el vendedor las venderá a $ 13.

Órdenes de compra y venta

Las acciones en el mercado se compran y venden según las órdenes dadas por el vendedor o el comprador. Una de las órdenes es la orden de mercado, que es una orden dada por el que vende o compra las acciones para vender o comprar las acciones de acuerdo con el mejor precio de mercado disponible. Existe la orden de límite que permite la venta o compra de acciones cuando el precio de las acciones no sobrepasa un precio determinado de las acciones. Por ejemplo, vende las acciones cuando el precio no caiga más allá de $ 4.50 o compra solo cuando el precio de las acciones no exceda los $ 4.5. En este caso, el límite de compra está en el lado superior, mientras que la orden de venta está en el lado inferior para reducir las posibilidades de tener pérdidas en el caso de vender y en el caso de comprar a un precio alto. También hay una orden de detención que contrarresta la orden dada para comprar o vender acciones. Esto sucede cuando el precio de las acciones alcanza un punto en el que el comerciante siente que tendrá pérdidas si se ejecuta la orden ya dada. La orden es la orden para detener la venta si era una orden de venta y la orden para detener la compra si la orden que se detiene es una orden de compra. También existe la orden stop-limit, que da una orden para detener el límite que se colocó en la venta o compra de acciones. El comerciante da esta orden para darle la oportunidad de controlar el precio al que se comprarán o venderán las acciones.

Otras órdenes para comprar o vender incluyen la orden Good 'Til Cancelled (GTC). Hay algunas acciones que solo están disponibles para negociar dentro de un tiempo determinado que determina el trader o intermediario, y solo se pueden vender o comprar cuando no ha sido cancelado por el que vende o compra las acciones. Por lo tanto, antes de actuar sobre dicha orden, se recomienda al trader que se ponga en contacto con la empresa de corretaje para averiguar cuándo se cancelará la orden. También existe la orden Immediate-Or-Cancel (IOC), por la cual se supone que la orden se ejecuta inmediatamente o se cancela. Si estás vendiendo, debe ser inmediato o se cancela la venta. La orden Todo-O-Ninguno (AON) es una orden que da instrucciones de que toda la orden debe ejecutarse en su totalidad, y si no es así, entonces no se debe ejecutar ninguna de las instrucciones de la orden.

Teclas de Acceso Rápido

Los traders individuales tienen que idear formas en las que las operaciones se puedan ejecutar más rápido. Una de las herramientas utilizadas es Hot Keys; Estos son comandos que el comerciante individual utiliza para conectarse con el intermediario de modo que cuando toque las teclas, enviará una orden para vender o comprar acciones. El trader también puede utilizar las teclas de acceso rápido para salir y entrar en una operación. ¿Te imaginas que deseas abandonar el comercio y utilizas un mouse haciendo clic en la sección correspondiente de la web o escribiendo la declaración que te indicará la interfase que está utilizando para abandonar el comercio? Tomaría mucho tiempo y podría causar pérdidas al comerciante. Esto es útil especialmente para los Day traders; El Day trading requiere que el comerciante utilice acciones de rápido movimiento para obtener una ganancia razonable, y esto significa que tu entras y sales de las operaciones muy rápido.

Las claves más importantes para configurar son las claves de venta; recuerda que debes realizar tu orden de venta rápidamente para asegurarte de que el precio que estás vendiendo sea el que habías visto antes de dar la orden. Cualquier retraso significaría pérdidas. Puedes establecer varias claves para la venta e incluir una orden límite que te permita no vender por debajo de un cierto valor por debajo de la oferta. El trader también puede usar HotKeys para cambiar la ruta del comercio, de modo que, si sientes que una determinada ruta no te ofrece una buena oferta, cambia rápidamente a otra ruta usando una Hot Key. También puedes configurar claves para cancelar órdenes abiertas cuando lo desees y para vender órdenes que estén en el comando "preguntar". Cuando tienes todas estas claves y muchas otras, sabes que siempre actuarás a tiempo para evitar pérdidas y maximizar las ganancias.

Lista de Observación y Escáneres

En el comercio de acciones, todos siempre quieren obtener un mejor trato, y siempre tienen el tipo de trato que quieren para obtener ganancias. Tu oferta deseada no puede simplemente encontrarla en la pantalla de tu computadora, por lo tanto, es necesario utilizar herramientas que puedan ayudarte a obtener tu oferta deseada. Estas herramientas incluyen escáneres de stock; estas son herramientas que buscan y filtran el mercado para encontrar acciones que se ajusten a su descripción. El comprador o el vendedor, por lo tanto, alimenta el conjunto de criterios que desea para operar en el escáner y da el comando de búsqueda. Si el trader no está satisfecho con los resultados del escáner, puede modificar los criterios de búsqueda para encontrar un socio deseable para el comercio.

Los criterios para obtener los mejores resultados de escaneo incluyen parámetros en términos de precios, el volumen negociado en un día, el mercado de valores. Esto es para evitar obtener acciones sin liquidez y acciones de centavo. Utiliza una búsqueda de calidad y no cantidad; el escáner debe ser lo suficientemente selectivo para brindar al trader mejores resultados que cumplan con sus criterios. El escáner también debe proporcionar al comerciante acciones que tengan un movimiento de precios significativo. Esto significa que debe haber cambios frecuentes en el precio de la acción; Esta característica le asegura al comerciante que puede vender fácilmente las acciones para recuperar los fondos invertidos. El escáner también debe discriminar en términos de los segmentos del mercado; el escáner debe poder brindarle al comerciante resultados dentro del segmento con el que esté familiarizado.

En un momento dado, se negocian miles de acciones, pero no todas las acciones presentan una oportunidad para el comercio. Por lo tanto, es bueno mantener una lista de vigilancia para cuando sienta que tienen el potencial de convertirse en una oportunidad de comercio. Por ejemplo, hay un momento en que las acciones en el área bancaria muestran constantemente el potencial para dar la bienvenida a una operación de su lado; Para un seguimiento constante, es bueno poner las acciones del sector bancario en una lista de vigilancia. Las listas de observación ayudarán al comerciante a mantener pestañas que muestran una colección de acciones a las que desea acceder rápidamente y monitorear su tendencia comercial. Los escáneres de existencias se pueden utilizar para encontrar una buena lista de vigilancia. A medida que el escáner busca acciones, accede fácilmente a nuevos mercados y le presenta nuevas acciones. Ahora puedes poner las acciones en la lista de vigilancia para su seguimiento.

Comunidades Comerciales

El stock trading, como cualquier otra institución comercial, se ha unido a un grupo conocido como comercio comunitario. Es un grupo de comerciantes en acciones que se han reunido para discutir temas que afectan a su negocio. Cuando eres miembro de esta comunidad, hay beneficios de los que disfrutas, que incluyen la conexión de comerciantes y proporciona un entorno cómodo para todos los comerciantes. Con esta comunidad, es más fácil encontrar un comerciante que coincida con tu descripción del comercio en términos de la cantidad de acciones y el precio de las acciones. Los comerciantes de la comunidad están etiquetados de acuerdo con la experiencia que tienen en la comunidad y en el negocio de negociación de stock trading. Por lo tanto, la comunidad puede actuar como el mejor lugar para conseguir empresas e individuos de corretaje de renombre. Los miembros de esta comunidad se adhieren a las reglas del comercio profesional,

La comunidad está formada por antiguos comerciantes, comerciantes de empresas públicas y privadas y comerciantes individuales que brindan asesoramiento profesional. Estos comerciantes tienen suficiente experiencia tanto en el pasado como en el presente. Además, debido a que todos los sectores de la economía están representados, existe la posibilidad de que la asesoría brindada esté bien pensada y basada en la experiencia y la información en tiempo real. Este consejo se puede utilizar para tomar decisiones en las operaciones y hacer planes para futuras inversiones. También cuentan con programas que educan a sus miembros en los nuevos emprendimientos, cómo reconocer tendencias y planificar la inversión, entre otros programas; no hay duda de que crecerás cuando seas miembro de esta comunidad.

También se comparte información sobre el análisis de las operaciones del mercado, gráficos que se utilizan para tomar una decisión sobre operaciones, planes del mercado para mejorar las operaciones, ideas comerciales importantes y revisiones de operaciones anteriores, entre otros. Es una comunidad real donde hay una interacción real sobre temas que afectan el comercio de manera positiva y negativa y, por lo tanto, se realizan discusiones y se responde a la retroalimentación para que todos estén satisfechos. Con el avance de la tecnología, la comunidad comercial se ha vuelto más accesible para cualquier comerciante que quiera unirse, ya que la mayor parte del compromiso se realiza en línea, al igual que en el comercio. La tecnología también permite a los miembros obtener las principales noticias de última hora que afectan a la industria del comercio de acciones, lo que ayuda a tomar una decisión oportuna en el comercio y la inversión. Como comerciante de acciones, elige una comunidad comercial dentro de tu segmento y únete para disfrutar de los beneficios como otros operadores.

Capítulo 5: Introducción a las Velas Japonesas

Acción de Precios y Psicología de Masas

La acción del precio es el movimiento del precio de un valor que se planifica durante un período de tiempo. La acción del precio es el punto de partida de todos los gráficos de análisis comercial. Para los comerciantes a corto plazo, la acción del precio es muy importante para ellos, ya que les ayuda a tomar decisiones comerciales. Para el análisis técnico, el precio en acción es muy importante, ya que observar el movimiento de los precios anteriores ayuda a calcular y advertir las decisiones comerciales.

La psicología de masas es lo que determina los cambios en la acción del precio. Es cuando los compradores y vendedores llegan a un consenso que afecta continuamente las diferencias de precios del mercado comercial. Esta conducta de masas, cuando los traders parecen tomar la misma decisión en el comercio de medidas de seguridad, es lo que se llama psicología de masas. No se puede influir en la psicología de masas, pero estudiarla y comprenderla ayuda a los traders a tomar varias decisiones de marketing según la situación del mercado. Las personas suelen tomar decisiones comerciales en función de cuántas personas toman la misma decisión. De alguna manera, esto está reproducido donde los comerciantes se sienten seguros, haciendo una operación que involucra a muchas personas en lugar de correr el riesgo de tomar una sola decisión comercial. Todos, ya sean comerciantes o no, creen que cuando hay un gran grupo de personas involucradas, es menos probable que haya muchos riesgos. Funciona hasta cierto punto, siempre que los precios se muevan en la dirección prevista. Pero un pequeño cambio en la dirección podría causar un caos total para los traders.

Los nuevos traders ingresan al mercado comercial cuando hay una gran ventaja en la dirección de la operación; incluso parece una tendencia. Esto es llamativo y el trader pensará para sí mismo seguir la tendencia pensando que ahí es donde están las ganancias. Pero cuando el nuevo trader ingresa al mercado, pueden suceder varias cosas que cambiarán la tendencia. Algunos traders pueden querer salir para obtener grandes beneficios porque, en ese momento, el mercado les ha generado grandes ganancias. Otros traders pueden comenzar a tener dudas sobre la tendencia y, por temor a pérdidas, también pueden optar por no participar. Esto es muy arriesgado para un trader que se unió a la tendencia, pensando que estará seguro porque el mercado parece estable. Es por este motivo que es muy importante estudiar la psicología de masas para que, como trader, estés consciente de estos riesgos. También es muy importante que los traders se mantengan al tanto de lo que está sucediendo en términos de asuntos actuales porque se puede pasar alguna información inesperada que podría resultar en cambios enormes en el mercado. En estos momentos de cambio, se aconseja a los traders que eviten ingresar al mercado. La mayoría de las veces, las grandes noticias no afectan los movimientos a corto plazo, ya que ya hay una predicción de que el movimiento está sucediendo.

Por tanto, es importante a corto o largo plazo aprender sobre el mercado. Aprender cómo funciona la acción del precio y aprender a predecirla como trader. Seguir la masa es peligroso porque todos pueden despertar a la mañana siguiente y decidir no participar o cambiar de dirección. Puede ser favorable para un trader que tiene la ventaja de cambiar antes en el mercado. Pero para un trader que se reactiva más tarde cuando ha estado operando durante mucho tiempo siguiendo la tendencia, puede costarle mucho dinero. Reactivar es una gran ventaja para el mercado comercial, pero no es tan fácil como simplemente optar de una tendencia a otra. Se requiere un buen análisis de mercado para que un comerciante pueda tomar decisiones acertadas. En lugar de seguir a las masas, analizar el mercado de un comerciante es mucho más confiable.

Velas Japonesas Alcistas (Bullish)

Una vela alcista también se llama vela hueca. Es de color blanco e indica que el precio de cierre en el mercado de negociación fue más significativo que el precio de apertura. Muestra cómo fue la presión de compra del mercado al final del día. Ambos extremos de la vela se conocen como sombras e indican cómo los precios del día variaron de menor a mayor. El extremo superior de la vela indica el precio más alto, mientras que el extremo inferior de la vela indica el precio más bajo experimentado durante el día.

A medida que pasa el tiempo, la formación diaria de velas de grupo comienza a formar un patrón. El patrón se verá fácilmente en alrededor de un mes ya que velas comenzarán a formarse en grupos cada vez más. Esto es importante porque a los traders les resulta más fácil hacer mejores predicciones de precios para el mercado. El patrón funciona mejor porque muestra cómo se mueve el rango de precios. Y en caso de que un trader quiera una reactivación, esta es la mejor manera de averiguar a tiempo cuándo reactivar. El patrón puede comenzar a mostrarse antes de las cuatro semanas, pero se dice que es un patrón débil porque cualquier cosa puede cambiar en cualquier momento.

Los patrones de reversión alcistas solo se forman después de que ha habido una tendencia bajista en el mercado. Sin la tendencia bajista, la formación es continua y, por lo tanto, no tiene un patrón inverso. Con tres días en el patrón inverso, se forma una confirmación alcista. Esto significa que, dentro de los tres días, hay un movimiento de precios al alza, que se indica mediante una vela alta y hueca. Esta formación suele indicar que ha habido un exceso de negociación en el mercado.

Hay varias formas de determinar la presión de compra diaria, que son formas tradicionales de análisis técnico. Los diferentes patrones de velas notifican al comerciante cuándo es el momento de comprar.

El Martillo o Martillo Invertido

El martillo es un patrón de reversión que alerta a los operadores cuando una acción está a punto de alcanzar la tendencia bajista máxima. La vela en esto suele ser corta, pero la sombra es más larga, esto indica que los vendedores están influyendo en los precios para que bajen durante el comercio. Sin embargo, justo antes del cierre del día, la presión de compra será más fuerte y provocará un cierre alto. Esto no significa que deba ignorarse el movimiento   ascendente; es muy importante controlarlo antes de llegar a una conclusión.

El martillo invertido también es un indicador de tendencia bajista. Es similar al martillo, pero tiene una larga sombra en la parte superior. La sombra larga en la parte superior muestra la presión de compra después de que se ha indicado el precio de apertura. La presión de ventas intentará hacerse cargo, pero será insuficiente para hacer que el precio baje después de que se haya marcado el precio de apertura.

Los patrones alcistas son continuos, lo que significa que las acciones subirán, harán una desviación y luego volverán a subir. Luego está el patrón envolvente alcista, que es un patrón de dos líneas. La segunda línea de la vela blanca supera a la primera línea de la vela negra. El patrón en esto también ocurre en una tendencia bajista para indicar su reversión. Cuando el volumen de operaciones se hace cargo de la segunda línea, entonces el patrón es más confiable. Un análisis de las velas posteriores es importante para el patrón envolvente alcista. La confirmación es muy importante en todos los patrones porque puede requerir una reactivación urgente por parte del trader. La aparición de la tendencia envolvente alcista es muy importante en el gráfico de operaciones. El patrón de velas suele ser a corto plazo y el mercado sigue bajando. Esto es aún más posible si existe una fuerte resistencia además del patrón envolvente alcista. Cuando se confirma un patrón de bulling envolvente, la segunda línea suele formar una sección de apoyo.

Velas Japonesas Bajistas (Bearish)

Las velas bajistas alertan al comerciante cuando el poder de venta está a punto de comenzar. El mercado comercial es un campo de batalla entre compradores y vendedores. Al final de cada día, un bando tiene que hacerse cargo. La vela bajista representa a los vendedores, mientras que la vela alcista representa a los compradores. A esto se le llama principalmente el oso y la corrida de toros.

Cuando el precio en el mercado parece estar bajando, esto es un indicador de que el bajista está tomando el control. Las velas bajistas se observan en diferentes patrones y sus tamaños también varían. Estas diferentes variaciones sirven para dar pistas sobre cómo será el mercado futuro. Es por esta razón de querer predecir el mercado futuro por lo que es muy importante aprender los patrones. Cada vela muestra un movimiento diferente del movimiento del precio durante el día de negociación. Las velas suelen mostrar el movimiento del precio en términos de los precios de apertura y cierre y también los máximos y mínimos del día. Para determinar el precio de apertura y el precio de cierre, se observarán los colores de las velas.

El precio de cierre de las velas bajistas es más bajo. La parte llena de la vela es lo que determina el cuerpo real. Cuando el cuerpo real es corto, indica que el mercado se encuentra en un estado indeciso. Las líneas en la parte superior de las velas se llaman mechas, mientras que las líneas en la parte inferior de las velas se llaman colas. Generalmente, se les llama sombras. El borde superior de la vela indica el máximo del día, mientras que la línea inferior indica el mínimo del día.

La vela bajista indica que la presión de venta acaba de comenzar o está a punto de comenzar. Por lo tanto, la formación de la vela bajista hará que el precio de mercado baje. Esto lleva a que el precio de cierre sea más bajo que el precio de apertura.

Patrones Bajistas (Bearish)

El patrón bajista se forma después de algunas semanas de observación, y pueden formarse en un rango de una a cuatro semanas. Los patrones son muy importantes ya que ayudan a predecir el movimiento futuro de las acciones. Los patrones pueden tener un patrón de continuidad o de reversión. Por lo tanto, observar esto es muy importante, ya que ayuda a determinar la dirección que están tomando los patrones. Mantener un ojo en los cambios de patrón ayuda al comerciante a estar informado y, por lo tanto, a tomar decisiones de compra fácilmente.

El patrón de inversión bajista se llama patrón de cabeza y hombros. El patrón de inversión bajista tiene los hombros izquierdo y derecho más el cuello. El cuello actúa como el soporte de la acción, y en caso de que la acción rompa el soporte, entonces hay una tendencia bajista en el mercado. Todos los traders informados son conscientes de la importancia de esperar una confirmación de reversión antes de decidirse a comprar. Si no lo hace, un comerciante puede tomar una decisión que le puede costar mucho. Los patrones siempre se forman en los gráficos de cotizaciones y son impredecibles porque pueden cambiar en cualquier momento.

Para el análisis técnico, el uso de velas bajistas es importante ya que las velas dan señales diferentes. Y de las muchas señales dadas por las velas, solo una es el soporte y la otra actúa como resistencia. Lo que esto significa es que, si pierdes una señal o la confundes con la otra, podría afectarte significativamente como trader. Lo que hace que un trader tenga éxito es la capacidad de encontrar estas dos señales principales, el soporte y la resistencia. Esto es asistido por la línea superior y la línea inferior de las velas. Por lo tanto, para que cualquier trader tenga éxito, es esencial seguir observando las señales en lugar de confiarse en las predicciones de las noticias. Numerosos expertos en comercio pueden ayudar a los principiantes a evitar riesgos importantes.

Indecisión de Velas Japonesas

Una vela de indecisión significa que es una vela que no sigue ningún patrón. Esto significa que no predice el mercado como lo hacen los alcistas y bajistas. Es más probable que el patrón de velas de indecisión ocurra durante la fase de soporte o resistencia. Lo que esto indica, por tanto, es que el mercado se mantuvo constante. Por lo general, se supone que un lado de los compradores o de los vendedores se lleva el día. Durante la vela de indecisión, sin embargo, significa que ninguno ganó el día.

Ésta es principalmente la razón por la que se aconseja a los comerciantes que sigan controlando los patrones comerciales para poder evitar situaciones de precios indecisos en el mercado. Las grandes observaciones del mercado ayudarán a identificar esto. También es excelente para los comerciantes tener en cuenta todas las ideas comerciales sin subestimar ninguna. Reconocer qué es lo que hay que buscar en el mercado y también ser consciente de lo que se debe evitar es lo que importa para ayudar a no caer en una situación de velas indecisas. Un comerciante debe saber cuánto le costará el riesgo que está a punto de asumir, así como cuánto le costaría no correr el riesgo.

La mejor manera de observar las velas de indecisión es analizando los gráficos. Cuando aparecen velas cortas con mechas largas desde los dos lados, esto es una clara indicación de una vela indecisa. La acción del precio no está tomando ninguna dirección y, por lo tanto, es aconsejable que los traders se abstengan de operar hasta que haya una señal de las fortalezas del mercado.

Lo que la vela de indecisión significa a nivel personal para el comerciante es que ha permitido algunos errores de análisis del mercado. Un comerciante más sabio se mantendrá fuera del mercado instantáneamente sin tener que esperar y ver si las cosas vuelven a la normalidad. Esperar puede empeorar la situación del mercado, por eso no es muy inteligente jugar con velas de indecisión. Por lo tanto, es una gran idea solo apegarse y comprometerse con señales que brinden decisiones claras como la alcista y la bajista. La mejor forma de evitar esta situación es realizar una observación diaria en los gráficos. Puede parecer demasiado trabajo, pero vale la pena.

Es posible realizar cambios en el mercado identificando cuando se prevé un problema, pero se necesita una persona con mucha experiencia para hacerlo posible. Requiere mucho dominio de los gráficos porque el ajuste fino implica un corto período de tiempo, entre horas. Para una persona que no ha dominado este arte, es inútil porque el comercio se cerrará antes de que haya realizado algún movimiento. El tiempo es muy importante para los comerciantes; a largo plazo, tomar cada día de negociación a la vez garantizará que, en el aprendizaje a largo plazo, uno pueda leer fácilmente las señales y evitar estar en una situación de velas indecisas.

Reducir la cantidad de configuraciones en las operaciones por semana es muy importante, ya que ayuda al trader a mantener el enfoque en ese movimiento en particular. Si un trader se centra en varias configuraciones, no será probable que obtenga más ganancias en comparación con ceñirse a una sola. Ser un buen trader no está determinado por las muchas configuraciones que se puedan realizar; lo que importa son los resultados observados de los beneficios al final del mes de negociación. Una configuración como mucha gente sostiene es muy arriesgada, pero también es muy importante hacer esto. Si una persona se concentra en una sola configuración, es más probable que obtenga más ganancias que alguien que realiza varias operaciones. Muchas personas optan por varios intercambios porque creen que les brindarán muchas ganancias. Puede que sea cierto, pero muchas configuraciones son complicadas de observar; por lo tanto, una vela de indecisión puede afectar a más personas que a una persona que se ocupa de una sola configuración.

Patrones De Velas Japonesas

Los patrones de velas japonesas son herramientas técnicas que combinan datos recopilados de diferentes períodos de tiempo y ayudan a decidir el precio. Los buenos patrones de velas tienen la capacidad de producir grandes beneficios tanto para los traders a corto como a largo plazo. Las velas determinan los importantes movimientos de los precios y las tasas. Cada vela predice los precios como altos o bajos, y también anticipa la duración. Sin embargo, solo pueden predecir el período dependiendo de los límites establecidos del gráfico en cuestión, que puede ser diarias, semanales o mensuales. Las velas siguen el patrón de continuidad o el patrón de reversión. Las velas reversibles predicen cualquier cambio en el movimiento del precio, mientras que los patrones de continuidad predicen el flujo continuo de los precios actuales en la misma dirección.

Las velas blancas indican que el cierre es más alto que la apertura. Una vela negra, por otro lado, indicará que el cierre es más bajo que la apertura.

Golpe de Tres Líneas

También se le llama patrón de reversión de golpe de tres líneas alcistas. Muestra tres líneas que son de color negro e indican una tendencia a la baja del precio. Lo que sucede es que las tres barras se negocian en el rango bajo y aún cierran a la baja cerca de la barra interna. Luego, la cuarta barra que sigue a las tres se vuelve aún más baja, pero finalmente logra cerrar alta al comienzo de las tres velas. Esta reversión predice enormes ganancias para los comerciantes.

Dos Espacios Negros

Este es un patrón de continuación bajista que tiene dos espacios negros. Aparece en los gráficos después de que ha habido una tendencia alcista continua con una brecha que se dispara hacia abajo, lo que hace que las dos líneas negras publiquen precios incluso bajos. Este patrón predice que habrá una mayor disminución que conducirá a una disminución aún más significativa, lo que se traduce en precios muy bajos.

Tres Cuervos Negros

Este es un patrón de reversión bajista que comienza en la parte superior de una tendencia alcista. Las tres barras forman bajas junto a los mínimos de intrabarras. Esto predice que continuará una caída en los mínimos que pueden conducir a una gran tendencia bajista. Por lo tanto, predice precios bajos menores que los dos huecos negros.

Estrella de La Tarde

Este patrón es bajista y comienza con una barra blanca muy larga que toma una tendencia alcista incluso más alta de lo que era. Va más alto incluso en las barras cercanas, pero ningún comerciante nuevo está dispuesto a comprar y, por lo tanto, conduce a un rango muy pequeño. Cuando hay una brecha en la tercer barra, el patrón sigue hasta el punto en que haya una tendencia bajista que resultará en mínimos aún más bajos. Esta es una predicción de tendencia bajista.

Bebé Abandonado

Este es un patrón de reversión alcista que aparece en la parte inferior de una tendencia bajista después de que varias velas negras hayan establecido los mínimos. Hay una brecha adicional en la siguiente barra, pero todavía no hay nuevos comerciantes dispuestos a vender. Por lo tanto, esto conducirá a un cierre en el mercado con el mismo precio de cierre que estaba en el precio de apertura. Esto predice una buena noticia para los traders de que habrá algún tipo de estabilidad del mercado a grandes subidas.

La Línea de Fondo

Este patrón se enfoca en el mercado, pero no siempre es confiable porque ignora muchas señales. Por lo tanto, si requieres una cuidadosa selección de patrones, y esto solo es posible si los traders pueden comprar y vender señales. Esto, por lo tanto, requiere mucha investigación para que un comerciante pueda seleccionar la mejor vela. Ignorar las señales de reversión y continuidad es muy peligroso para un trader, ya que puede representar pérdidas potenciales. Sin embargo, para evitar esto, algunos traders optan por comprar cuentas que ayudarán a leer todas las señales.

Capítulo 6: Estrategias Importantes del Day Trading

Dimensión de Posiciones y Manejo Comercial

El manejo del comercio se refiere a las actividades que realiza un comerciante después de que la acción del comercio se ha consumado. En un intento por crear un indicador para los riesgos que ocurran siempre. Al inicio de la consumación, los comerciantes involucrados en el comercio hablarán para formular un plan de manejo. El tamaño de la posición, por otro lado, se refiere a la magnitud de una posición dentro de una cartera específica. La cantidad de unidades que ha invertido un inversor en particular es el tamaño de su posición. Al medir el tamaño de la posición de un individuo, hay una serie de factores que deben tenerse en cuenta. La cantidad en dólares de lo que un comerciante va a negociar también se conoce como el tamaño de la posición del comerciante.

Con el tamaño de la posición, hay una serie de factores que deben tenerse en cuenta. Tienes que determinar el riesgo de la cuenta. Al determinar el riesgo de la cuenta, se dice que el proceso inicial antes de que un comerciante emplee el tamaño de la posición, tiene que analizar el riesgo de su cuenta. Ésta es la entrada de capital de un inversor en particular en un tema en particular. Según las investigaciones, la mayoría de los inversores arriesgan no más del dos por ciento del capital en el que han invertido en una operación específica. Siendo el inversionista el único controlador del capital, él o ella debe estar en condiciones de saber cuándo el negocio está en un gráfico descendente y hacer ajustes para cambiar esto. El inversor también debe estar en condiciones de observar el determinado tamaño de una correcta posición. Para lograr esto, el inversionista debe calcular el riesgo de la cuenta contra el riesgo comercial.

Estrategia 1: Patrón ABCD

Esto se refiere al movimiento común que adopta el mercado. Hay varias tendencias que adopta el mercado. Hay un estilo común que rima, que ha sido popular en el pasado reciente. El patrón se refleja en varios aspectos. Estos aspectos incluyen tiempo y precio. El patrón ABCD es un patrón mediante el cual todos los demás patrones derivan de él. Este tipo de patrón se compone de tres variaciones de precios. Las variables CD y AB son líneas rectas llamadas catetos. La línea BC se conoce como el retroceso. Esto también se conoce como corrección.

Existe un tipo de patrón ABCD que se conoce como alcista. Este tipo de patrón sigue una tendencia que se centra en la baja, la reversión de esto, que la mayoría de las veces no es probable que suceda. Cuando hay una tendencia alcista, la posible existencia de la reversión de esta, entonces se forma la tendencia alcista. Al operar tanto alcista como bajista, las reglas tienden a ser cruzadas. El patrón ABCD tiene varios tipos, que incluyen: el clásico, el patrón AB = CD y el tercer tipo. El punto de entrada de este tipo particular de comercio es cuando el comercio ha alcanzado el punto D. Cuando se opera al alza, el C tiene que ser más bajo que A, y cuando el precio sube después de B, C tiene que ser alto después de B.

Cabe señalar que cuando el mercado está casi en el lugar donde se supone que se encuentra D, uno no debe tener prisa por comenzar a operar. Mediante el uso de varios métodos, uno puede asegurarse de que el precio de la mercancía se haya revertido a donde estaba. Cuando abarca la resistencia y el apoyo, puede lograr el eficaz de estos recursos.

Estrategia 2: Momento de la Bandera Alcista

Cuando una acción está en una tendencia alcista completa, es cuando ocurre este tipo de patrón. Su representación en la carta tiene la forma de una asta de bandera y, por eso, el nombre. Teniendo en cuenta el hecho de que la tendencia va en aumento, este tipo de bandera se conoce como la bandera alcista. Las características de esta bandera alcista incluyen: La acción está formando un fuerte aumento en la relatividad de volumen y, por lo tanto, forma el polo. La culata se coloca en la parte superior del poste; por tanto, el efecto resultante es la formación de una bandera. Una vez logrado el patrón de consolidación, el stock vuelve a salir de él para mantener su tendencia alcista.

Con las banderas alcistas, la estrategia de tiempo es lo suficientemente amplia para adaptarse a cualquier estructura. Las banderas alcistas funcionan mejor en un período de tiempo corto y también son efectivas. La mayoría de las veces, se utilizan en un lapso de tiempo de cinco a dos minutos. Sin embargo, en el día a día, estas banderas alcistas también son efectivas. Al operar con banderas alcistas, el procedimiento es menos sutil. La parte complicada llega cuando los buscas. Lo más importante a buscar en este patrón en particular es el volumen a mano; el volumen es un punto clave cuando se trata de este patrón en particular. Una línea de comercio definida que está en caída es otra cosa que debe buscar. La ventaja de las banderas alcistas es que tienen una ventaja estadística cuando se negocian de la misma manera. Cuando pones un alto bajo el área de consolidación, ésta es una manera en la que estarás manejando este tipo de trade en particular.

Estrategia 3 y 4: Reversión del Trading

El comercio inverso se refiere al acto de comercio que sugiere afectar la posición de un inversor de regreso al punto de partida. El comercio inverso puede implicar la adquisición de un contrato indexado de acciones que anteriormente se vendieron en corto. Esto es lo que se conoce como trading inverso. Al negociar, hay una posición futurista esperada que debe describirse. Cuando se cierra esta posición, se dice que la operación se ha revertido. Una reversión, por otro lado, se refiere al cambio en el precio o la dirección de un activo. Dependiendo de las circunstancias prevalecientes, la reversión que ocurra podría ser a la baja o al alza.

Con las reversiones, están interesados en observar la dirección general del precio y no basarse simplemente en períodos. Para detectar reversiones, hay algunos indicadores clave que deben usarse. Estos indicadores incluyen líneas de tendencia o promedios móviles. Una reversión es un indicador de los cambios en las tendencias de precios. Podría ser que la tendencia haya cambiado de ascendente a descendente o viceversa. Cuando la posición del precio está en proceso de reversión, los operadores harán todo lo posible para salir del precio. Los grandes cambios en el precio son lo que se conoce como reversión. Los retrocesos son propensos a ocurrir ante cambios en el precio. Estos retrocesos ocurren en un intento por inhibir que cambie la dirección del precio.

Al principio, es delicado distinguir un retroceso de una reversión. Con una reversión, continuará hasta que vea la formación de una nueva línea de tendencia. La diferencia con el retroceso surge cuando el precio comienza a cambiar. Un retroceso se aliviará cuando el precio comience a cambiar.

Estrategia 5: Trading de tendencia de media móvil

Este es un tipo de análisis técnico que es de naturaleza simple y se utiliza para suavizar los datos de precios de venta. Este tipo de estrategia busca crear un precio medio. Su precio promedio actualizado se recopila durante un período de tiempo, según las preferencias del comerciante. Hay varios tipos de ventajas que surgen como resultado de emplear este tipo particular de estrategia en su entrenamiento. Este tipo de estrategia se puede personalizar para que se ajuste a un lapso de tiempo específico. Esto tiene tanto a aquellos que planean comerciar a largo como a corto plazo. Cuando se utiliza una media móvil, el procedimiento es menos sutil, ya que puedes observar los movimientos por tí mismo. Por ejemplo, cuando el ángulo apunta hacia arriba, sugiere que el precio está en un movimiento ascendente. Cuando se mueve boca abajo, sugiere que el precio también se está moviendo hacia abajo. Cuando se mueve hacia los lados, el precio es en promedio. Una media móvil también se puede utilizar como resistencia o soporte. Cuando se encuentra en una tendencia alcista, se puede usar como soporte entre una media móvil de 50 días y una de 200 días. Esto se debe a que proporciona una base para el suelo. Esto se debe a que el precio rebotará. Cuando se encuentra en una tendencia bajista, la media móvil se puede utilizar como una resistencia mediante la cual el precio llegará a este nivel y luego comenzará a caer nuevamente.

Es normal que el precio se salga de su camino. El movimiento de la media móvil no siempre sigue la misma tendencia y puede cambiar según las circunstancias. Cuando el precio está por encima de la media móvil, puede deducir que el esquema está active, cuando está por debajo de la media móvil, puede deducir que el esquema está en un nivel bajo.

Estrategia 6: Trading VWAP

Según su redacción, VWAP se refiere al precio promedio ponderado por volumen. Este tipo de negociación proporciona el precio medio al que se ha negociado un valor en el transcurso del día. Los elementos de volumen y precio son dominantes. Los comerciantes reciben información sobre el volumen y el precio. Oye, estamos al tanto de la tendencia y de cómo se valora la seguridad en particular. Cada dólar negociado en cada transacción se suma en una oferta para calcular el VWAP. Esta cantidad se multiplica por el número de acciones negociadas y luego se compara con el número de acciones negociadas.

Este tipo de estrategia es utilizada por varios compradores institucionales cuando buscan salir o entrar en varias acciones sin crear un gran impacto. El precio se restablece al promedio cuando varias instituciones compran cuando el precio está por debajo del VWAP y, a su vez, venden cuando está por encima. Cuando los minoristas utilizan este tipo de estrategia, actúa como si fuera una tendencia en movimiento y ayuda a confirmar las diversas tendencias que parecen existir. El VWAP y la media móvil se pueden vincular entre sí de manera que uno puede pensar que son lo mismo. Este no es el caso, ya que VWAP implica calcular el precio multiplicando por volumen y dividiendo por el volumen total. El caso de los precios en movimiento es diferente ya que implica el cálculo de la suma de los precios de cierre que se han acumulado durante un cierto período de tiempo; podrían ser diez semanas. Con VWAP tenemos un indicador de trading de un solo día que se cierra al final del día y se reinicia al principio del siguiente día.

Estrategia 7: Comercio de soporte o resistencia

Estos son puntos en la curva de negociación donde se anticipa que el precio se detendrá y comenzará a revertirse. Con estos precios, hay una degradación de mover el precio, aunque no hay un gran avance en el precio particular. A medida que el precio cae, se detendrá en algún momento cuando encuentre su base. Este es el piso, y se le conoce como soporte. El precio aquí no se abrirá paso, sino que rebotará en el piso de soporte. Si pasa este primer soporte, es probable que continúe con la misma tendencia hasta que alcance otro nivel de soporte. Lo opuesto al soporte es la resistencia. Con resistencia, el precio está subiendo. A medida que sube el precio, hay una serie de factores que provocarán fricción. Esto es lo que se conoce como resistencia. Cuando el precio alcanza el nivel de resistencia, es probable que se recupere y comience a caer. Hay algunos casos en los que este podría no ser el caso, ya que el precio puede aumentar. Cuando esto pasa. Se sigue la tendencia hasta que se alcanza otro nivel de resistencia.

Cuando los niveles de soporte y resistencia son predecibles, se dice que son proactivos. Operan de forma especulativa en el sentido de que citan áreas en las que el precio no ha estado. A menudo se centra en las acciones del precio actual. Existe otra forma de método de soporte y resistencia conocido como reactivo. Este tipo de soporte y negociación se produce como resultado del comportamiento del volumen y la acción del precio. Las líneas de tendencia son los criterios que se utilizan en un intento por identificar los niveles de soporte y resistencia. Si un precio pasa por un nivel de soporte, ese nivel de soporte se convierte en resistencia. Lo contrario también es cierto.

Estrategia 8: Trading de Rojo a Verde

Pasar de rojo a verde en referencia al precio implica que el precio se mueva de debajo del monto del cierre anterior a por encima del monto del cierre anterior. La negociación por debajo de la acción que cerró el día anterior se considera roja, mientras que la negociación por encima de la acción que cerró el día anterior se considera verde. Hay un cambio de impulso cuando un precio pasa del rojo al verde. Con este tipo de cambio en el lugar, se puede anticipar el riesgo. La acción gana su volatilidad a menudo en este momento. Esto resulta útil a la hora de crear configuraciones diarias.

Al decidir hacer este movimiento de rojo a verde, hay una serie de factores que debes tener en cuenta. El volumen es clave. El volumen de tu stock debe relacionarse directamente con los compradores en cuestión. Sin embargo, hay una serie de casos en los que una persona puede comprar en verde y vender en rojo. Esto a menudo significa que has comprado por encima de las acciones que cerraron el día anterior y vendido por debajo de las acciones de cierre del día anterior. Sin embargo, la compra de acciones debe realizarse solo cuando haya comenzado a crecer en su negocio. El verde es a menudo un indicador de que puedes comprar acciones. Para la mayoría de las personas, la negociación es en su mayor parte sutil y, por tanto, como resultado, tienden a rehuirla. Este tipo de personas se apresuran a comprar acciones sin evaluarlas adecuadamente. Usted compra una propiedad, por ejemplo, cuyo valor está disminuyendo. Para invertir adecuadamente, tienes que ir con la tendencia. En el día a día, el comercio que no sigue la tendencia es un acto de desprecio que puede vincularse a nadar contra la corriente.

Estrategia 9: Rupturas de Rango de Apertura

El rango de apertura es uno de los períodos más versátiles de negociación intradía. Esto se debe a que es clave para el Day trading. El período posterior a la apertura de un mercado, a menudo tiene altibajos, lo que puede denominarse rango de apertura. El período varía de veinte a treinta minutos de negociación en la primera hora de negociación. Lo contrario durante este período es que desea identificar los períodos de mínimos y máximos en el mercado, así como tener en cuenta los mismos. Esto se debe a que ambos factores están conectados de una manera más directa. Este período de apertura se caracteriza por grandes volúmenes de comercio. En pocas palabras, los rangos de apertura se utilizan como puntos de entrada al mercado y también como pronóstico para la negociación del día.

Para beneficiarte del rango de apertura, primero debes tener en cuenta su tamaño. Existe una estrategia popular conocida como Early Morning Range Breakout. Este tipo de estrategia funciona en el intento por identificar las brechas disponibles. Cuando tenemos la identidad de la brecha, tenemos que enfocarnos en la dirección de la ruptura. Más adelante en el día, cuando te acerques a los brotes, debes hacer esto con mucho cuidado. Para asegurarte de permanecer en la brecha, debes utilizar el precio mínimo en relación con la brecha. La estrategia de pullback gap también es otra estrategia que se ha utilizado. Este tipo de estrategia funciona en un intento por predecir cuándo disminuirá el retroceso. También se ha utilizado la inversión de espacios. Este es el proceso en el que se utiliza el precio para crear una brecha. Cuando el precio es alcista, hay una reversión de la brecha cuando el precio se rompe.

Otras Estrategias de Trading

Además de las estrategias comerciales antes mencionadas, existen otro tipo de estrategias comerciales que incluyen:

Negociación de Posiciones

Este es un tipo de estrategia comercial que enfoca su radar en el comercio a largo plazo y el movimiento de precios. Los principales movimientos de precios dan como resultado la obtención de grandes beneficios. Este tipo de estrategia es de naturaleza a largo plazo y no prospera en el día a día. Los traders que participan en este tipo de operaciones analizan el mercado durante semanas e incluso meses antes de poder realizar cualquier operación. Este tipo de traders no se preocuparán por los cambios menores en el precio.

Swing Trading

Este es otro tipo de estrategia comercial que implica mantener posiciones durante bastante tiempo. Al participar en el comercio swing, los operadores mantendrían posiciones de mercado durante bastante tiempo para prosperar cuando hay algún cambio a corto plazo en el mercado. Se ha visto que este tipo particular de estrategia comercial va de la mano con personas que se dedican a otras formas de la profesión. El swing trading abarca otras estrategias, como el trading de tendencias, el trading de rupturas y el trading de impulso.

Trading de Ruptura

Para comprender qué es el comercio de rupturas, primero debemos establecer qué es una ruptura. Una ruptura es un precio que se dirige a los límites exteriores de un nivel de resistencia y soporte. Este tipo de comercio es utilizado por personas que invierten activamente. Esta estrategia es donde comienzan la mayoría de los precios. Cuando esta estrategia se gestiona correctamente, puede ofrecer un riesgo a la baja que es limitado. Con la operación de ruptura, encontrarás que un trader se involucra en una posición larga.

Esto es después de que el precio haya superado la resistencia y haya entrado en una posición corta.

Desarrollar Tu Propia Estrategia

Eres una persona de negocios activa que se ha dedicado constantemente al trading. La mayoría de las estrategias comerciales no funcionan para ti. Para diseñar tu propia estrategia comercial, hay una serie de factores que debes implementar. Estos son:

Tener un conjunto de antecedentes sobre la decisión que estás a punto de tomar es clave. Primero debes comprender en dónde te encuentras antes de saber hacia dónde te diriges. Esto se hace teniendo una vista de dónde te encuentras, tus intervenciones pasadas. El negocio se compone de varias facetas y, para lograr el máximo análisis, es necesario analizar cada hecho frente a tu desempeño. Concéntrate en tus esfuerzos y defectos. Para capitalizar esto, necesitas maximizar tus puntos fuertes. Cuando buscas información a profundidad, es clave tomar nota de las diversas fuentes de información en las que puedes participar. El tipo adecuado de asesoramiento de expertos te llevarán a cualquier lugar.

Con una visión clara, estarás en condiciones de determinar la dirección futura del negocio. Esto actuará como un factor de motivación hacia lo que deseas lograr. Tu visión debe trabajar de la mano con tu misión. Lo que debe seguir a esto es la identificación de lo estratégico. Con las estrategias en su lugar, debes entregar un plan táctico. Los planes tácticos significan que estás haciendo que las estrategias cobren vida. Estas son acciones dirigidas a diversas áreas que han destacado anteriormente. Centrarte en tus debilidades te asegurará que estás tomando medidas de riesgo para frenar cualquier riesgo de que surja. Con esto en su lugar, ahora puedes implementar tus planes.

Trading basado en la Hora del Día

Al operar en el día a día, la mayoría de las veces, vives tu vida con el corazón en las manos. Esto se debe a que, con el paso de cada segundo u hora, ocurren cambios importantes en el mercado, que a menudo tienen grandes implicaciones. La mayoría de las veces, sigue el curso normal de los negocios. Dependiendo de la zona horaria en la que te encuentres, las operaciones diarias siempre comenzarán muy temprano en la mañana; por lo tanto, puede funcionar a favor de los madrugadores.

Hay una serie de horas específicas para operar. Este tipo de horario de negociación es clave porque es solo en ese horario cuando puedes maximizar tus esfuerzos. Operar en el día es una expedición sucia porque incluso los operadores más experimentados tienden a generar pérdidas. Con el Day trading, se requiere una mayor concentración y disciplina. Operar durante la apertura tiene muchas implicaciones. Operar en la apertura significa que estás operando una o dos horas después de que se haya abierto la acción. El momento más volátil del mercado es el momento en que la oportunidad golpea más. A menudo hay una gran cantidad de personas que están invirtiendo en este momento. La mayoría de ellos están haciendo esto por primera vez y no tienen una percepción previa del mercado. Cuando un comerciante es nuevo en el mercado, se le aconseja que no realice transacciones comerciales durante los primeros quince minutos cuando comienza el día. En este período de tiempo, se ha visto que se exhiben las mayores operaciones en la tendencia.

La negociación comenzaría regularmente a las 09.30 horas y finalizaría a las 10.30 horas. Este es a menudo el período del día en que es favorable para las personas participar en el trading. La sesión se puede extender de una hora a las 11.30 horas. Es clave tener en cuenta que antes de participar en el Day trading, debes tener una comprensión real del mercado porque incluso los operadores profesionales no han logrado prosperar en estos momentos. La gente no debe depender de la publicidad en televisores y estaciones de radio para tomar decisiones sobre el comercio diario. Cuando la información llega a los anuncios, es una noticia potencialmente antigua. Al operar con este tipo de información, puedes afectar el movimiento del precio en una dirección. Esto luego resulta en una pérdida. El motivo de participar en cualquier negocio es obtener ganancias.

Capítulo 7: Paso a Paso para un Trade Exitoso

En la vida, todos tienen el impulso y la urgencia de ser los mejores y exitosos en todo lo que hacen en su vida diaria. Alguien daría todo lo que hace para llamar la atención y tener más éxito a largo plazo. El éxito no es tan fácil como parece. Hay varios sacrificios y atributos que uno requiere para tener éxito. El Day trading no es una excepción, ya que también requieres cierto sentido de disciplina y estrategias paso a paso que te harán exitoso. Con estas estrategias en su lugar, el comercio podría maximizar las ganancias y eliminar las pérdidas. En este punto, podemos calificar la operación como exitosa. Por lo tanto, vamos a detenernos en el proceso paso a paso de un comercio exitoso.

Creación de una Lista de Seguimiento

Una lista de vigilancia es una herramienta muy vital en un oficio que se utiliza para monitorear todo el trade o actividades del trade. También se utiliza para planificar el futuro de tu inversión en un mercado determinado. Una lista de seguimiento te ayudará como trader a tener la lista de todas las acciones con las que se puede negociar fácilmente en diferentes mercados, lo que te hará ventajoso en términos de competencia en el mercado. La lista de vigilancia también te dará una ventaja en el seguimiento de los criterios que podrías estar buscando y, por lo tanto, sabrás cómo emplearlo plenamente.

Antes de crear una lista de seguimiento, primero debes poder diferenciar entre una lista de seguimiento y una cartera. El hecho de que una cartera proporcione generalmente la lista de acciones de propiedad exclusiva la diferencia de una lista de seguimiento. Por otro lado, una lista de seguimiento generalmente muestra los valores que posee junto con los que ha seleccionado, incluso si no se ha aventurado en el comercio. Por lo tanto, una lista de seguimiento te dará una pista para encontrar el tipo de acciones necesarias en tu cartera. Por lo tanto, una cartera debe construirse sabiamente para garantizar que se obtenga lo mejor de ella y, a la larga, una operación exitosa. Los siguientes son algunos consejos que se pueden poner en práctica para asegurarte de crear una lista de seguimiento eficiente:

Mantenlo Novedoso y Simple

Cuando te enfocas en tener un Day trader exitoso, significa que deberás poder hacer varias investigaciones en el mercado. En caso de que tengas listas de seguimiento que hayas hecho a partir de las investigaciones anteriores, entonces son muy vitales para encontrar el ajuste fino de tus operaciones diarias a futuro. Por mucho que las listas de observación anteriores sean importantes y actúen como recordatorios, también debes crear una lista de observación que se base en los factores del mercado actual. Esto asegurará que el comercio en el que te estás aventurando cumplen con las directivas y políticas actuales del mercado.

Por lo general, diferentes personas tienen diferentes criterios y enfoques para sus planes comerciales. Por lo tanto, es muy importante revisar siempre tu lista de seguimiento para determinar si aún coincide con los criterios que estableciste anteriormente. En caso de que la lista de seguimiento ya no esté en armonía con tus criterios, entonces se te pedirá que elimines las acciones y ahora tengas las acciones que cumplan con las tendencias y políticas actuales del mercado. De esta forma, evitarás verte abrumado por una larga lista de stocks, que algunos ya no encajan en tus criterios. De esta manera, podrás tener el control total fácilmente y concentrarte en tus operaciones diarias, por lo que podrás crear una lista de seguimiento perfecta que te guiarán para lograr una operación exitosa.

Busca lo que Necesitas

Cuando se está en el proceso de crear una lista de observación, es muy importante escanear discretamente los mercados existentes y potenciales. Esto está destinado a determinar los criterios específicos y distintivos que estás buscando. En este caso, hay varios factores que debes considerar teniendo en cuenta que las preferencias que tienes son capaces de fluctuar con el tiempo. Por lo tanto, debes filtrar tus preferencias según los criterios que establezcas, uno por uno. Esto te permitirá crear una lista de seguimiento muy detallada que te ayudará a ser un Day trader exitoso.

Al escanear el mercado, existen varias reglas y pautas que debes cumplir plenamente. Estas reglas incluyen;

- Analizar los patrones que indican cambios de tendencia más bajos o más altos en el mercado.
- El cambio porcentual diario en las tendencias del mercado, más específicamente cuando el volumen de acciones diarias es mayor que el promedio, lo que significa que habrán alcanzado mínimos o máximos de 52 semanas.
- Señales que miden tendencias inusuales. Estas tendencias incluyen una desviación de precios relativamente baja con un aumento en el volumen diario.

Habiendo cumplido con estas reglas, podrás escanear el mercado de manera eficiente y fácil. Al final, obtendrás una lista de vigilancia perfecta que te ayudará a ser un Day trader exitoso.

Mantente Siempre Informado Sobre el Mercado

La construcción de una lista de seguimiento que sea eficiente requiere que tengas conocimiento de las tendencias y cambios que se están produciendo en el mercado de valores y sus alrededores. Este conocimiento generalmente proviene de una experiencia de aprendizaje que es procedimental. Una vez adquirido este conocimiento, te darás cuenta de que las recompensas y los logros valdrán la pena. Esto supondrá que te familiarices con la forma en que los niveles cambien de capitalización y afecten directamente a los distintos sectores del mercado.

Cuando se elabora una lista de vigilancia, los ciclos económicos suelen ser muy vitales y, por lo general, su análisis requiere mucho tiempo. A pesar de consumir mucho tiempo, esta información es muy crítica, ya que es uno de los factores que te permitirán elaborar una lista de seguimiento completa y detallada. Con el tiempo, podrás idear tu propio estilo de negociación intradía y, por lo tanto, sentirte cómodo en la evaluación de las tendencias del mercado de las acciones que están en tu lista de seguimiento. De esta manera, te habrás decidido por una determinada estrategia, familiarizándote con las tendencias. A largo plazo, te sentirás cómodo convirtiendo tus acciones en ganancias. Esto, por lo tanto, significa que la calidad de la lista de vigilancia podría terminar determinando el éxito de tu comercio diario.

Comienza en grande, Continúa pequeño

Al crear una lista de vigilancia, debes mantener el razonamiento deductivo. Esto significa que deberías poder comenzar estableciendo criterios más amplios. Luego, reducirás la lista de acciones que estabas buscando mientras observas las tendencias del mercado. Al tener el conocimiento ideal de lo que estás buscando, podrás eliminar las existencias que coincidan con tus criterios. Al final, tendrás una lista de vigilancia limpia y eficaz con la que podrás trabajar de forma eficaz.

Es una norma que el mercado de valores se reinvente siempre. Esto, por lo tanto, requiere que también cambies constantemente tu lista de deseos para adaptarte a las tendencias del mercado de valores. Para que las acciones tengan lista de deseos, esto dependerá del tipo de seguridad que hayas decidido canjear. Aparte de eso, las estrategias que también hayas establecido tenderán a afectar tu decisión sobre las acciones. Es aconsejable mantener tu enfoque desde el principio y también tener en cuenta que, al comenzar, es muy vital reducir. Sigue estos criterios, al crear tu lista de seguimiento, significaría, por lo tanto, que tendrás una lista de seguimiento eficaz que te permitirá tener éxito en el comercio diario.

Centrarse en los favoritos

Siempre es recomendable centrarse en las acciones que actualmente son populares en el mercado al crear su lista de seguimiento. Esto te permitirá comprender la razón por la que las selecciones populares son tan populares como lo son. No cabe duda de que estos temas serían populares entre otras personas. En el curso de la popularidad, establecerán una plataforma para que estés al tanto de los cambios en las tendencias del mercado. Con esta información de mercado, podrás tomar una decisión sobre el tipo de acciones a incluir en tu lista de seguimiento.

Con el tiempo para aprender y recopilar la mayor cantidad de información posible sobre el mercado de transacciones diarias, tendrás que observar las grandes empresas comerciales específicas. Aparte de eso, también habrás determinado el tipo de acciones que son adecuadas para tu prospecto de comercio diario y los criterios para agregar a tu lista de seguimiento. Esto creará un espacio para que crezcas y sueñes en grande con respecto al comercio diario. Definitivamente, habrás creado una lista de observación perfecta a largo plazo que te ayudarán a lograr el éxito en tu empresa de Day trading.

Establecer un plan de negociación (entrada, salida y stop loss)

En cualquier entorno empresarial desde la antigüedad, ha sido una regla que, si no logras hacer un plan, entonces estarás planeando fallar. Algunos dirán que esto es solo decir, pero aquellos que se toman en serio el comercio y tienen el objetivo de tener éxito algún día lo tomarán como un dicho serio. Un comerciante que ha estado en el mercado durante mucho tiempo y ha tenido éxito te informará que es su elección ceñirse estrictamente a su plan comercial escrito o nunca probar el éxito. Si tienes un plan comercial, entonces debes ser detallado y orientado a objetivos. No analizar esto hará que el plan sea inútil, pero tienes la posibilidad de revisarlo para que valga la pena a largo plazo.

La configuración de un plan comercial tiene varios elementos esenciales que lo considerarán importante y práctico cuando se ejecute. Estos elementos esenciales están destinados a ayudarte a establecer un plan comercial que te guiará a través del comercio y posiblemente te convertirá en un trader exitoso. Los siguientes son algunos de los elementos esenciales necesarios para configurar un plan comercial:

Establecer Reglas de Entrada

Las reglas de entrada de una organización comercial o empresa deben ser muy complicadas para que el sistema comercial sea muy eficaz y, al mismo tiempo, facilite el proceso de toma de decisiones. Las reglas tampoco deben ser muchas y subjetivas, ya que muchos tenderán a rehuirlas y no podrás realizar intercambios. Estas condiciones deben, por lo tanto, ser una cantidad razonable y no subjetiva como tal para que la gente pueda sentirse cómoda haciendo comercio, lo que se traduce en un comercio exitoso.

Esto tiende a explicar y justificar la razón por la que muchas personas hoy en día prefieren operar utilizando computadoras. Las computadoras suelen ser buenas en el comercio en comparación con las personas. Esto se debe a que las computadoras no tienen sentimientos y son tontas; por lo tanto, no necesariamente necesitarán tener ciertos pensamientos o sentimientos para comerciar. La computadora está configurada con las condiciones para operar; por lo tanto, si cumples con las condiciones mínimas, ingresarás al comercio. Por el contrario, el incumplimiento de las condiciones significa que no puedes negociar con la computadora;

por lo tanto, estarás limitado a comerciar. Si operas y todo sale mal, u obtienes una ganancia, puede salir libremente. Por lo tanto, es esencial establecer reglas razonables de entrada al comercio para administrar el comercio de manera efectiva y tener éxito.

Establecer Reglas de Salida

En comparación con las reglas de entrada, cualquier trader serio decidido a tener éxito siempre maneja las reglas de salida como las más importantes. La mayoría de los traders generalmente se enfocan en comprar firmas e ignora dónde y cuándo salir. Esto incluso hace que algunos comerciantes no logren realizar ventas cuando están caídos porque temen sufrir pérdidas. Los traders profesionales suelen centrarse en las salidas e incluso tienden a perder muchas operaciones en comparación con las que ganan. Sorprendentemente, todavía obtienen beneficios porque son buenos para limitar pérdidas y administrar fondos. La virtud de que tienen buenas habilidades de gestión cuando se trata de fondos es que son flexibles para salir de las operaciones en cualquier momento.

Antes de ingresar a cualquier operación, primero debes tener conocimiento de cómo salir. Por lo general, hay un mínimo de dos salidas para cualquier oficio. También debes determinar tu límite de pérdidas en caso de que la operación no vaya por su propio camino. Estos stop loss deben escribirse ya que los stops mentales generalmente no cuentan. Aparte de eso, todas y cada una de las operaciones deben tener objetivos de ganancias razonables y alcanzables. Una vez que ingreses al comercio, puedes encontrar un punto de equilibrio vendiendo una sección de tus bienes para cambiar su posición de stop-loss. Con un stop loss razonable, puedes operar cómodamente, con una buena gestión y ser un operador exitoso.

Detén las Pérdidas (Stop Loss)

Stop se refiere a una orden que realiza un corredor para vender o comprar una vez que la acción ha alcanzado un precio establecido. Los stop-loss están destinados a limitar a los inversores en términos de su posición de seguridad. Si estableces un límite de pérdidas del 10% que está por debajo del precio de las acciones, entonces tu pérdida se limitará al 10%. La orden Stop Loss tiene sus propias ventajas y desventajas. Una de las principales ventajas es que no será necesario que controles el rendimiento de tus acciones diarias. Esto es ideal, especialmente cuando estás atravesando ciertas situaciones que te impiden tener tiempo para monitorear el desempeño de tus acciones durante un período de tiempo relativamente largo.

Por otro lado, la principal desventaja de las órdenes stop-loss es que, en caso de una fluctuación a corto plazo en el precio de una acción, el precio stop podría activarse. Por lo tanto, es muy importante elegir porcentajes de stop-loss que permitan a la acción fluctuar libremente y evitar tantos riesgos de pérdida como sea posible. Establecer un porcentaje de stop-loss bajo para una acción que fluctúa en un porcentaje relativamente más alto no te hará ningún bien. Lo más probable es que esto genere pérdidas en comparación con la tasa a la que puede generar beneficios.

Las pautas para establecer una orden de stop-loss dependen solemnemente del estilo de negociación del individuo. Esto se refiere a la duración del período de inversión que elige un comerciante. Un operador más activo puede preferir una orden de stop loss del 5%, y un operador a largo plazo puede preferir un 15%. Aparte de eso, si ha alcanzado el precio de stop establecido, la orden de stop-loss cambiará para ser órdenes de mercado. También cambiará su precio para que sea un precio muy diferente al precio de parada. Esto se aplica principalmente a las operaciones en movimiento cuyos precios de las acciones pueden cambiar muy rápido en un período de tiempo muy corto. El hecho de que los corredores usualmente restringen a las personas de colocar sus órdenes sobre valores específicos es otra limitación del stop loss.

El Stop Loss está destinado principalmente a ayudar a los operadores a evitar pérdidas. Esta no es la única función, ya que también está destinada a bloquear las ganancias, también conocido como 'trailing stop'. En este caso, el stop loss se establece en un porcentaje que es inferior al precio de mercado en ese mismo momento y no al precio de compra. Cuando el precio de una acción fluctúa, los precios de stop-loss generalmente también se ajustan. Esto, por lo tanto, significa un aumento en las existencias, entonces tendrás ganancias no realizadas por lo que no tendrás efectivo a menos que realices ventas. El uso de stop-loss te permitirá omitir algunas ganancias mientras obtienes algunas ganancias de capital al mismo tiempo.

El stop loss es muy sencillo de utilizar, pero muchos traders no suelen utilizarlo. Puede ser muy beneficioso para cualquier comerciante, ya sea que lo utilice para bloquear las ganancias o evitar pérdidas. Incluso se puede decir que es un tipo especial de póliza de seguro. Si se usa de manera razonable, será de gran valor y fácilmente será un trader exitoso.

Ejecución del Plan

La ejecución del plan es la parte más importante del comercio y, al mismo tiempo, un desafío. La razón principal por la que se dice que es un desafío es que aquí es donde actualizas lo que era antes, solo piezas de ideas. Aquí es donde deberás convertir tus ideas y conceptos en acciones y comportamientos. Una vez convertido, tendrás un comercio para observar y administrar. Para ejecutar tu plan de manera efectiva y lograr una operación exitosa, debes poseer ciertos rasgos que lo guíen. Estos rasgos incluyen:

- **Estar Enfocado**

Estar concentrado es muy vital, ya que asegura que haya claridad que es necesaria para que tú puedas tomar decisiones sensatas que te ayudarán al logro y éxito de tus metas. Tener un enfoque nítido creará una forma clara de tener éxito en tu comercio. Esto se debe a que no te desviarás fácilmente de tus objetivos, que pretendes realizar en tu comercio. También significa que tú conoces las decisiones que debes tomar y en qué situaciones, por lo que no tienes miedo de rechazar actividades que pueden impedirte tener éxito.

- **Se Apasionado**

Las personas más exitosas en el comercio y cualquier otra inversión suelen ser tan apasionadas por lo que hacen. Esto se debe a que la pasión genera un sentimiento de conexión con su trabajo. Ser un trader apasionado significará, por tanto, que darás todo de ti con el objetivo de alcanzar los objetivos establecidos y convertirte en un trader exitoso. Con pasión, podrás apreciar tu desempeño y también ser muy proactivo en tus funciones. La pasión definitivamente te conducirá hacia tus deseos, lo que a su vez te convertirán en un comerciante exitoso.

- **Invierte en la Competencia**

Una persona competente es aquella que tiene habilidades, procesos, herramientas y sistemas que se requieren para realizar una determinada tarea. Por lo tanto, es muy importante, ya que describe tu capacidad para comprometerse con el comercio y el logro de tus objetivos. Por lo tanto, desarrollar tu competencia te dará la forma en que puedes ejecutar tus planes de la manera más efectiva posible. Así, una persona competente puede pensar fácilmente en la ejecución de sus planes comerciales y convertirse en grandes traders de éxito.

Capítulo 8: Siguiente Paso para Traders Principiantes

Una persona que acaba de ingresar al mercado tiene mucho que hacer además de establecer un plan de negocios y comenzar. A diferencia de otras personas con experiencia en el mercado, los traders principiantes aún deben pasar por varios procesos para llegar a donde quieren. El comercio no es como cualquier otra tarea en la que cualquiera puede simplemente despertarse por la mañana y decir que quiero hacer esto y lo logra.

Los traders principiantes todavía tienen que aprender el mundo de los negocios y comprender cómo se lleva a cabo el trading, para saber por dónde empezar y cómo manejar su comercio para que todo siga funcionando. Tienen mucho que aprender de los oficios expertos que la información que ya tienen a mano. Cuando llegas al mercado comercial, todo parece nuevo y desafiante para ti. Algunas personas incluso terminan renunciando a lo que habían planeado y tal vez comenzado.

Como principiante, debe haber algo que te impulse a iniciar este negocio. Se te ocurrió una idea de trading y te convenciste de que debías empezar. Incluso creaste un plan de negocios que te mantuvo informado sobre lo que debías hacer para obtener un resultado bueno y único. Todos en el mercado comercial necesitan un plan de negocios. Te ayuda a controlar tu forma de operar para llegar a tu objetivo deseado.

La ejecución de un plan de negocios es siempre el paso final para los comerciantes que son viejos en el mercado y tienen ideas completas sobre lo que están haciendo y cómo realizar sus operaciones, incluidos los ajustes que deben realizar para lograr lo que desean en caso de cambios que se producen en el mercado durante el tiempo de negociación. Sin embargo, un comerciante principiante todavía tiene que seguir pasos adicionales para aterrizar donde quiere.

Primero, necesitan aprender el patrón del mercado. Familiarizarse con los patrones de comercio en el mercado le dará a un operador principiante un poco de facilidad para llevar a cabo sus operaciones a medida que aprende qué debe esperar, a qué hora y cómo debe manejar cada situación cuando se trata de nunca haberlo planeado. Se exponen a los desafíos que enfrentan en el mercado comercial y cómo enfrentarlos y permanecer estables.

Después de conocer los patrones comerciales del nuevo mercado, aprenden los riesgos involucrados y cómo afectan el comercio. Los comerciantes se preparan mentalmente sobre el tipo de riesgos a esperar y cómo pueden manejar estos riesgos para reducir la gravedad de la pérdida que viene con cada tipo de riesgo al ocurrir. Esto mantiene a los nuevos evaluadores enfocados y alertas para que, en caso de que ocurra algo, no se vean demasiado afectados y puedan levantarse y comenzar de nuevo, y aun así grabar nuevamente.

Deberían aprender tácticas de supervivencia. Los negocios implican tanto pérdidas como ganancias. Las habilidades y secretos que aprenden cuando están en el mercado empresarial impactan mucho en su productividad. Cuando tú eres ese comerciante que apresura todo y te niega a aceptar incluso las pequeñas derrotas, estarás perdido e incluso te resultará difícil aceptar la solicitud que aceptamos y establecer un acuerdo para liquidar dentro de un período de tiempo. Los traders principiantes deben aprender esto al comienzo del proceso de negociación para asegurarse de llevarse bien con los clientes y mantenerlos.

Otro paso importante que deben tomar es aprender cómo crear y mantener una relación de cliente con alguien a quien conoces por primera vez. Aprende a tratar con diferentes clientes, en quien confiar y en quién no. Esto ayuda a los comerciantes en la bolsa de valores a conocer la belleza de la relación con el cliente y cómo funciona.

Lo Esencial para el Day Trading

El Day trading se ha convertido más en un comercio en línea que fuera de línea. Esto lo ha hecho tan emocionante, ya que los comentarios siempre están listos en menos de un segundo. ¿A quién no le encantaría obtener una respuesta más rápida? Todo el mundo está apostando porque les resulta una forma de negociación más rápida, económica y beneficiosa. Los comerciantes diarios se han sentido tan abrumados por la idea de que el Day trading sea una tarea en línea que puede manejarlo en cualquier lugar y en cualquier momento. Sin embargo, hay algunos elementos esenciales que el comercio debe tener para una negociación diaria exitosa.

Primero, necesitarás una plataforma de negociación, es decir, un software sofisticado que te permitirá analizar y finalizar las operaciones en el mercado que se mueve a mayor velocidad. Estas son las plataformas que permiten a los comerciantes evitar deliberadamente el uso del negocio de un corredor de bolsa que implicará tarifas innecesarias para ellos. Lo hacen comerciando a su manera para agradar los ahorros.

Múltiples monitores también son importantes para ayudar a rastrear el alto rendimiento de funcionamiento del stock en todas partes. Los comerciantes deben usar al menos dos o tres monitores en este proceso para desmenuzar de una manera que sea más presentable y fácil de entender. Sin embargo, más monitores, como de cinco a seis, es una ventaja adicional. Los traders con más monitores experimentan una alta flexibilidad analítica y una forma más rápida de operar, ya que pueden capturar el movimiento de varias ideas a la vez.

El Day trading también requiere Internet de alta velocidad. Se necesitan milisegundos para obtener comentarios sobre lo que está buscando. El Internet de baja velocidad es una desventaja para los comerciantes diarios, ya que romperá los récords de conexión rápida a Internet, lo que los hará poco fiables. Esto hará que los comerciantes pierdan más contratos de los que ganan y, al final, se perderán las ganancias que se habrían registrado con una Internet de mayor velocidad.

Nadie querría esperar tanto tiempo antes de terminar su tarea cuando sabe muy bien que puede hacerla y completarla en un tiempo más corto cuando elige una opción alternativa. Por lo tanto, como Day trader, necesitas una fuente de Internet más confiable para reducir la pérdida y maximizar sus posibles ganancias para registrar una tendencia de ahorro más alta.

Los Day traders confían enormemente en las noticias. Con una conexión a Internet más rápida y varios monitores a mano, los operadores deben utilizar todos los activos disponibles y monitorear de cerca los eventos de noticias y los indicadores clave para analizar el desempeño de las acciones junto con todas las oportunidades potenciales. Si no captas el comercio de noticias y prestas atención a las nuevas publicaciones relacionadas con el comercio, es posible que no obtengas los contratos que necesitas. Los Day traders deben estar atentos a las noticias sobre acciones.

El Day trading también necesita un alto nivel de habilidades de investigación. Ninguna posición rentable aparecerá en tu pantalla, suplicándote que hagas clic y las veas. Si esperas ver, que las oportunidades te buscan, prepárate para una gran decepción. Necesitas habilidades de investigación básicas que te ayuden a hacer un buen uso de las oportunidades disponibles y a orientar tu capital en la dirección correcta. Entrénate para mirar con atención todas las oportunidades y no ignores nada que pueda dar una pista cuando busques desesperadamente las oportunidades disponibles para aferrarte.

Como comerciante, también debes ser muy disciplinado con todo. La disciplina no se puede comprar en ningún lado. Lo que marca la diferencia entre un comerciante ordinario y uno extraordinario es el desempeño descendente pero informativo y el autocontrol. La rápida tendencia del Day trading ha hecho que los traders que no tienen mucho éxito aprendan la necesidad de mantener la cabeza fría en todas las circunstancias. Durante los buenos y los malos tiempos, el secreto para sobrevivir es actuar con discreción y dejar que todo salga como está.

Todo lo que necesitas para tener éxito en las transacciones diarias es conocer tu mercado. Sepas cuándo aguantar y cuándo soltar. No te emociones tanto con la sensación de que el comercio está funcionando tan bien, ni tampoco debes tener prisa por confiar en las manos que te ayudan cuando las cosas se ponen difíciles. Podrías terminar tomando la dirección equivocada y perdiendo todo lo que hubieras ganado si hubieras sido paciente y positivo en lo que estabas haciendo.

La experiencia que tengas en el campo del comercio también te ayudará a brindarte la disciplina que requieres para mantenerte alejado de cualquier peligro que te aguarde. Las tendencias en el mercado se desarrollan a lo largo de décadas, lo que hace que los traders que tienen menos conocimiento sobre el comercio diario se pierdan las oportunidades de tendencias. Adquirir los conocimientos adecuados en el sector del Day trading antes de involucrarse en él te resultará más aventurero y hará que tus registros comerciales sean más rentables.

Todo el mundo querría trabajar con una persona altamente informada y experimentada para mejorar la productividad y registrar una tendencia estable en el mercado. A nadie le encantaría quedarse atrás, por lo que cuando comiences a operar en el día, debes estar listo para convencer a tus clientes de que eres exactamente lo que ellos necesitan y que nunca serás una decepción. Esto también te mantendrá en movimiento ya que tienes una idea de lo que estás haciendo y hacia dónde se dirige.

También se necesita una buena estrategia comercial para tener buenos registros comerciales. La experiencia y el conocimiento que tiene un comerciante es lo que ayuda a construir una mejor estrategia que guiará las decisiones tomadas por los comerciantes para evitar demasiada presión que los desvíe. Aquí, todos son conductores. Un pequeño retraso en el cerebro provoca una caída inesperada del mercado.

Los mercados siguen el flujo de las tendencias. Están influenciados e impulsados por la lógica y el análisis. El mismo pensamiento debería ayudar a establecer una estrategia comercial única, aprovechando al máximo las paradas comerciales para reducir las pérdidas y desarrollando el swing trade más inusual y raro. Ten un enfoque detallado de la tendencia comercial y haz un buen uso de lo que está disponible, y eso funciona bien. Si algo está roto, piensa en el mejor plan para arreglarlo y luego úsalo para ganar.

Toda empresa necesita capital, al igual que el Day trading. El Day trading está muy ocupado con la apertura y el cierre de posiciones en el círculo del día de la negociación. Por la necesidad de superar el desgaste de la comisión comercial, los comerciantes requieren un alto capital para llegar a posiciones comerciales más altas en general. Con menos capital, equilibrar las ideas en el mercado es casi imposible.

El dinero es el factor determinante de toda línea de base del éxito. No puede usar menos de lo esperado para obtener el máximo. Cosechas todo según lo que siembres. Para un Day trading altamente rentable, se requiere una buena cantidad de capital y deben estar presentes las habilidades de gestión financiera para la utilización eficaz de los recursos disponibles.

La ventaja del Day trading es que no tienes que asistir a clases y profundizar para obtener lo que deseas. Esto es muy afortunado para aquellos que no tuvieron la oportunidad de asistir a clases. Todavía tienen la opción de ganar. Cualquiera puede hacer esto, pero no con tanta facilidad como le suena a una persona rara. Para que pueda comenzar con el Day trading, puedes optar por los cursos en línea para recopilar varias ideas y los conocimientos necesarios para las transacciones diarias.

Los cursos en línea son tan efectivos como los cursos que se toman en las escuelas, y la buena noticia es que los cursos en línea a veces son más detallados que la información que ofrece la escuela. Tienes la opción de buscar más profunda y directamente lo que quieres saber y dejar lo que no te conviene. No hay nada de malo en buscar ayuda de los asistentes en línea. Elije lo que necesitas y equípate solo con la información relevante pero altamente productiva en el campo del Day trading.

El Day trading puede ser un desafío a pesar de todas las habilidades y conocimientos que tiene. No es como apostar en el que puedes intentar cualquier cosa con la esperanza de ganar. No hay un juego de prueba y error en el Day trading. Requieres tiempo, esfuerzo y dedicación, con información muy detallada sobre las tendencias del mercado.

Conclusión

Al igual que cualquier otro tipo de comercio, el Day trading requiere paciencia y autocontrol. Todos los involucrados deben ser muy detallados sobre lo que están haciendo. Cualquier cosa se hizo sin información clara, y la idea siempre se convierte en un desastre. Todos necesitan saber con qué están lidiando y qué deben esperar al final. Esta es la única forma en que puedes comerciar con una mente tranquila.

Debemos aceptar que todo tiene un punto de partida. Debes comenzar en alguna parte y terminar en alguna otra. Entre los diversos procesos de negociación, se requieren muchas técnicas para manejar todo de la manera correcta. Debes considerar cada paso como importante y respetar debidamente las áreas de comercio. Desde el primer día, cuando seas nuevo en el sector comercial hasta el día en que te sientas estable y te consideres un comerciante experto que está listo para ganar, debes haber pasado por varios procesos que son difíciles y desafiantes, y sólo los pacientes ganarán.

Nada es fácil. No viene el dinero buscándote en tu zona de confort. Tienes que salir y estirar tus manos para aprovechar las oportunidades que te llevarán a dónde quieres. Debes ser lo suficientemente duro como para superar los desafíos sin temor a convertirte en el perdedor. Por supuesto, si no estás bien preparado y listo para cortar los bordes, serás expulsado del camino.

Nada suena tan amargo como no lograr tu objetivo solo porque te rendiste en el camino. Enfréntate a la lucha y enfócate en lo que quieres. Esto hará que todo fluya por el camino correcto y sea fácil de manejar. Es posible que veas a alguien ganar en grande y pienses que lo lograron fácilmente, pero aquí es donde todos nos equivocamos. Necesitamos atajos para todo y no consideramos los desafíos que alguien debe haber atravesado para estar donde usted lo ve.

Para crecer en cualquier tipo de negocio, debes estar preparado para aprender. Recopilar cada idea sobre lo que estás haciendo y pensando en la efectividad de tu negocio. Mantén buenas ideas y cualquier cosa que no agregue valor, a tu negocio debe abandonarse, pero no olvidarse. Puedes consultar a expertos sobre cómo hacer algo que creas que es efectivo, pero que no comprendes claramente. Es una forma muy saludable de hacer crecer tu negocio. Deja de lado tu ego y gana lo que te mereces.

Hay varios riesgos involucrados en el mercado comercial y esto debe ser aceptado por todos los comerciantes. Existen varias estrategias de gestión de riesgos que puedes adaptar para hacer frente a los riesgos y reducir sus efectos en los resultados comerciales. Algunos riesgos pueden evitarse, pero hay algunos que deben afrontarse y, si no se controlan bien, tienen un impacto severo en el negocio

Lo más importante en cualquier tipo de negocio es aprender las estrategias comerciales, tener un conocimiento detallado sobre lo que estás tratando y estar listo para enfrentar los desafíos que se interponen en el medio. Nadie es perfecto. Puede que seas mayor en el sector empresarial, pero, aun así, debes aprender a expandir tu negocio.

Finalmente, si este libro te resultó útil de alguna manera, ¡siempre se agradece una crítica constructiva!

www.ingramcontent.com/pod-product-compliance
Lightning Source LLC
Chambersburg PA
CBHW031905200326
41597CB00012B/542